Mittelalter

© der deutschsprachigen Ausgabe:
Fleurus Verlag GmbH, Köln 2004
Alle Rechte vorbehalten
Übersetzung aus dem Französischen: Regina Enderle
Lektorat der deutschen Ausgabe: Susanne Rebscher
© Groupe Fleurus, Paris 2003
Titel der französischen Ausgabe:
Encyclopédie Fleurus Junior. Moyen Âge

ISBN 3-89717-232-1
Printed in France

10 9 8 7 6 5 4 3 2 1

FLEURUS JUNIORWISSEN

Mittelalter

Brigitte Chopin und Dominique Joly

FLEURUS
VERLAG

Inhaltsverzeichnis

Die Geburt des Abendlandes

Im Jahr 476 wird der letzte weströmische Kaiser Romulus Augustulus von Odoaker, einem germanischen Heerführer, abgesetzt. Dies bedeutet das offizielle Ende der Antike. Es beginnt eine tausend Jahre während Periode, die von den Historikern als Mittelalter bezeichnet wird. In diesen zehn Jahrhunderten entsteht Europa mit seinen Grenzen, seinen Sprachen und seinen Kulturen. Um 1500, gegen Ende des Mittelalters, öffnet es sich dank neuer Eroberungen dem Rest der Welt. Doch wir wollen nicht vorgreifen. Noch sind wir am Anfang, in der bewegten Zeit der Völkerwanderung germanischer Stämme nach Westen.

Die Völkerwanderung

Ein kleiner, unbeweglich auf seinem Pferd sitzender Mann führt abertausende von Kriegern an. Es wird berichtet, dass er geboren wurde, um die Welt erzittern zu lassen. Es ist der Hunnenkönig Attila. Der oströmische Kaiser bezahlt ihm jährlich zwei Tonnen Gold, damit er den Frieden wahrt. Doch Attila giert nach mehr Reichtum und Macht.

Die Zeichnung aus dem Jahr 1890 zeigt, wie Attila ausgesehen haben könnte.

Zwischen dem 3. und dem 5. Jahrhundert fallen germanische Volksstämme auf der Flucht vor den Hunnen im Weströmischen Reich ein. Das Oströmische Reich ist von der Völkerwanderung nicht betroffen *(siehe S. 20–21).*

Die Nachbarn des Reichs

Von den Ebenen Ungarns, wo Attila um 435 seine Hauptstadt errichtete, blickt er nach Westen. Vor ihm, an den Grenzen des Weströmischen Reichs, leben Barbarenvölker aus Nordeuropa, die von den Römern „Germanen" genannt werden: Franken, Burgunder, Angeln, Sachsen und Goten. Die meisten Stämme haben Nachbarschaftsverträge mit dem Reich abgeschlossen: Sie wachen über die Grenzen und erhalten im Gegenzug Land, auf dem sie ihre Dörfer errichten können. Sie sind ausgezeichnete Krieger und einige von ihnen nehmen wichtige Posten innerhalb der römischen Armee ein.

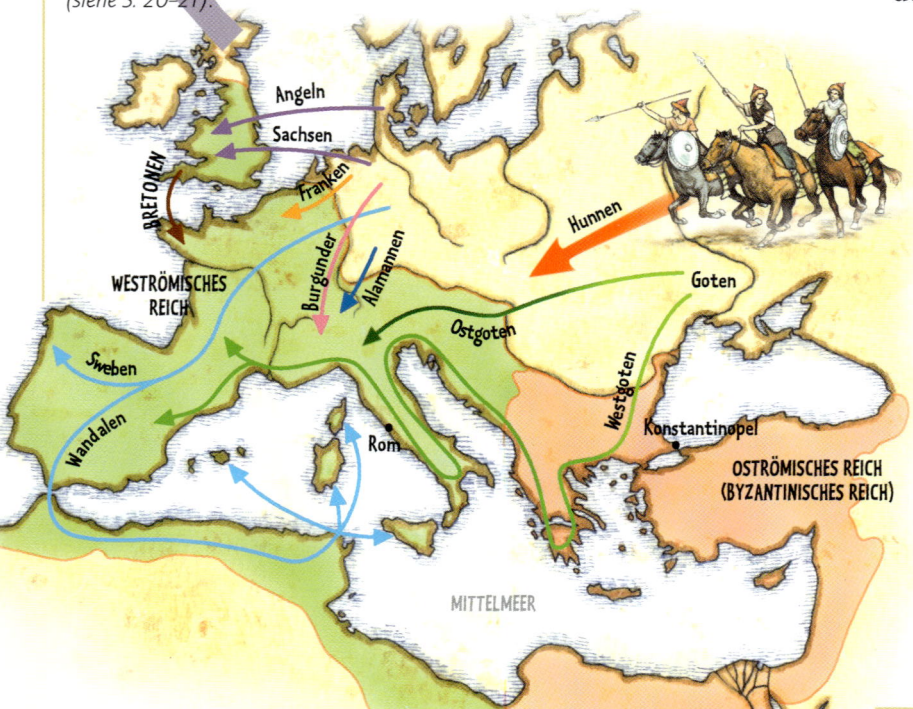

- Angeln
- Sachsen
- BRETONEN
- Franken
- WESTRÖMISCHES REICH
- Burgunder
- Alamannen
- Hunnen
- Sweben
- Wandalen
- Ostgoten
- Goten
- Westgoten
- Rom
- Konstantinopel
- OSTRÖMISCHES REICH (BYZANTINISCHES REICH)
- MITTELMEER

Welch ein Kauderwelsch!

Die Römer bezeichnen alle Stämme, die weder Griechisch noch Latein sprechen, als „Barbaren". Das Wort ist von griechisch *barbaros* abgeleitet. Es ahmt die Sprache der Fremden nach, die unverständliche Laute von sich geben.

Nach Westen!

Im Jahr 375 vertreiben die Hunnen die in Mitteleuropa ansässigen germanischen Stämme. Die fliehenden Völker dringen mit Gewalt ins Römische Reich. Die Goten spalten sich in zwei Gruppen: Während die Ostgoten ihre Wanderung um 450 in Italien beenden, rücken die Westgoten weiter nach Westen vor und treiben die Wandalen vor sich her. Die Hunnen folgen ihnen und verwüsten alles auf ihrem Weg. In ganz Europa sind entwurzelte Völker unterwegs: Unter ihnen sind nicht nur bewaffnete Männer, sondern auch Frauen, Alte und Kinder mitsamt dem Vieh und den restlichen Habseligkeiten und Schätzen.

Einigkeit macht stark

Um den Vormarsch der Hunnen aufzuhalten, schließen sich die Germanen zusammen. Unter der Führung des römischen Feldherrn Aetius kämpft eine schlagkräftige Truppe von Franken, Westgoten und Burgundern im Jahr 451 auf den Katalaunischen Feldern (Frankreich) gegen Attilas Soldaten. Geschlagen zieht sich Attila in den Osten zurück. Zwei Jahre später stirbt er, sein Reich zerfällt.

Platz für alle

Die germanischen Völker können sich nun endlich in Ruhe niederlassen. Doch es gibt zahlreiche Konflikte. Auf der Insel Britannien (England) bilden sich mehrere sächsische Reiche mit rivalisierenden Königen. Die Burgunder lassen sich zwischen Lyon und Genf nieder; die Alamannen dehnen ihr Reich in Richtung Bayern aus. Ein fränkischer

Diese Brosche war Teil eines Schatzes, der in Pietroasa (Rumänien) gefunden wurde. Die Diebesbeute wurde vermutlich im Jahr 376 vom westgotischen König Athanarich dort versteckt, als er vor den Hunnen floh.

Ein verborgener Schatz

Attila starb im Jahr 453. Wie damals üblich, bestattete man den König mit einem großen Schatz. Die Männer, die das Grab schaufelten, wurden an Ort und Stelle getötet, damit sie seine Lage nicht verraten konnten. Vielleicht hilft der Zufall und es wird eines Tages doch noch entdeckt...

Stamm besetzt die Rheinufer; salische Franken besiedeln Gebiete im heutigen Belgien. Ihr Anführer Chlodwig bekriegt seine Nachbarn, um sein Reich zu vergrößern. Im Jahr 486 besiegt er den römischen Feldherrn Syagrius und besetzt ganz Nordgallien. Er unterwirft die Alamannen und greift die Burgunder und später die Westgoten an. Letztere werden 507 aus Aquitanien vertrieben und lassen sich in Spanien nieder. Bei Chlodwigs Tod ist das Frankenreich das mächtigste Reich im Abendland.

ATLANTISCHER OZEAN

Angeln & Sachsen

Franken

Burgunder

Ostgoten & Langobarden

Westgoten

BYZANTINISCHES REICH

Wandalen

MITTELMEER

Das Abendland zu Beginn des 6. Jahrhunderts. Nur die Reiche der Franken und Ostgoten werden überdauern.

Krieger und Bauern

„Die Germanen sind groß und blond; sie stinken und kämpfen unerbittlich", so sehen sie jedenfalls die Römer. Die wenig schmeichelhafte Beschreibung ist bei weitem nicht vollständig, doch leider hinterließen die germanischen Völker keine eigenen geschriebenen Texte. Ihre Gräber und Dörfer, die von den Archäologen ausgegraben werden, helfen uns, ein genaueres Bild ihres Lebens zu erhalten.

Erzeugen, was man braucht

Die Germanen sind keine Nomaden. Sie besiedeln fruchtbares Land, gründen Dörfer, bauen geräumige Holzhäuser für ihre Familien und legen Weiden für das Vieh an. Die Frauen kümmern sich um das Getreide. Hafer und Weizen bewahren sie in dichten, im Boden vergrabenen Silos auf. Aus der Gerste brauen sie ein nahrhaftes, dickflüssiges Bier, das zu den Mahlzeiten getrunken wird. Die Männer gehen nur gelegentlich auf die Jagd; sie sind für das Vieh, vor allem Rinder, zuständig. Der Reichtum eines Germanen wird an der Zahl seiner Tiere gemessen.

Nach den Siegen von Chlodwig Ende des 5. Jahrhunderts lassen sich die Franken in Nordgallien und im Rheintal nieder. Ausgrabungen in Frankreich und Deutschland, die vor 20 Jahren begonnen wurden, geben uns eine Vorstellung davon, wie ihre Dörfer aussahen.

Dieser Helm gehörte einem fränkischen Führer. Die Krieger hatten nur eine einfache Ausrüstung: Sie trugen ein langes, zweischneidiges Schwert oder ein Kurzschwert namens Skramasax. Manche Männer kämpften auch mit Streitäxten oder Lanzen.

Bewaffnete Bauern

Der Führer des Dorfes und der Sippe ist derjenige, der die größte Herde besitzt. Auch die schöne Waffenausrüstung zeigt seinen Reichtum und seine Macht. Die Führer der einzelnen Sippen machen sich gegenseitig großzügige Geschenke und verheiraten die Töchter mit Mitgliedern anderer Sippen, um die freundschaftlichen Verbindungen zu festigen. Doch beim geringsten Konflikt organisieren sie Überfälle auf die benachbarte Sippe, stehlen das Vieh und rauben Sklaven. Alle freien Männer haben das Recht Waffen zu tragen und nehmen an den Plünderungen teil. Während der unruhigen Zeit der Völkerwanderung sind daher militärische Aspekte vielfach wichtiger als die Landwirtschaft.

Die in Frankreich entdeckte Gürtelschnalle ist aus vergoldeter Bronze und Granat gefertigt.

Geschickte Handwerker

Die Germanen haben bessere Waffen als die Römer; der Schmied ist im Dorf ein hoch angesehener Mann. Er beherrscht die Verarbeitung der verschiedenen Metalle perfekt. Bei der Herstellung von Schwertern legt er mehrere, unterschiedlich harte Eisenschichten übereinander, sodass die Klinge gleichzeitig hart und geschmeidig wird. Die Krieger tragen ihr Schwert oft stolz in einem reich verzierten Gürtel mit einer Bronzeschnalle und werden bei ihrem Tod mit ihm beerdigt. Die Goldschmiede bearbeiten die Edelmetalle mit großer Geschicklichkeit und stellen wunderschönen Schmuck wie Ohrringe, Armreife oder Fibeln (broschenähnliche Spangen zum Zusammenhalten der Kleidung) her.

Fibel und Ohrringe

Eine neue Gesellschaft

Herchenefreda hat einen germanischen Vornamen, Salvius einen römischen. Die beiden heiraten um 575 und haben fünf Kinder. Die Einwanderung der Barbaren in das Römische Reich liegt über ein Jahrhundert zurück und die Unterschiede zwischen den Völkern verwischen nach und nach.

Dieser Ring gehörte dem Franken-könig Childerich, der von 457 bis 481 regierte. Die Inschrift *Childerici regis* („König Childerich") ist latei-nisch. Der Mann hat, wie bei den Germanen üblich, als Zeichen seiner Macht lange Haare und trägt den *Paludamentum*, den Mantel der römischen Feldherrn.

Die Anführer

Die wunderschöne Villa Echternach (Luxemburg) war das Haus eines hohen römischen Beamten. Sie hatte zahlreiche Zimmer, Säulenhallen, Brunnen usw. Um die Villa erstreckte sich ein großes, landwirtschaftliches Gut. Nach der Völkerwanderung ging sie in den Besitz eines fränkischen Landesherrn über.

Als die Reiche der Germanen zwischen 450 und 500 entstehen, ist für die germanischen Könige das Römische Reich schon lange Vorbild. Sie finden Gefallen an der römischen Lebensweise in mit Marmor ausgelegten Herrenhäusern und tragen mit Stolz römische Titel. Für den Frankenkönig Chlodwig zum Beispiel ist es eine hohe Aus-zeichnung, als er im Jahr 507 vom oströmischen Kaiser den purpur-farbenen Mantel eines römischen Machthabers erhält. Für die Römer hat die Regierung des Kaisers schon lange keine Bedeutung mehr. Die reichen Familien führen ihre Grund-besitze völlig unabhängig. Sind die beiden Volksgemeinschaften schon bereit zusammenzuleben?

Gegenseitiges Misstrauen

Zu Beginn des 6. Jahrhunderts sind die Reiche der Germanen Gebiete ohne nationale Einheit, ohne gemeinsames Gesetz und ohne gemeinsame Religion. Jede Gemeinschaft spricht ihre eigene Sprache; Latein ist für die ungebildeten germanischen Krieger zu schwierig. Die Germanen halten die militärische Macht in ihren Händen, doch sie zählen nur einige zehntausend Menschen: Das sind nach Schätzungen von Historikern nur 5 % der Gesamtbevölkerung des Römischen Reiches. Um ihre Identität zu schützen, verbieten sie Heiraten zwischen Germanen und Römern und gründen eigene Dörfer außerhalb der Städte, anstatt sich in bereits bestehenden Vierteln niederzulassen.

Generationen später

Seit dem Untergang des Weströmischen Reiches 476 sind hundert Jahre vergangen. Latein ist immer noch die Sprache der Gelehrten und der Verwaltung, doch die germanischen Vornamen tauchen in der Volkssprache immer häufiger auf. Aus dem germanischen Vornamen Hlod-wig, was „der Ruhm und Kampf liebt" bedeutet, leiten sich im Lauf der Jahrhunderte die Vornamen Chlodowech, Chlodwig und Ludwig ab. Bei hohen Anlässen kleidet man sich nach wie vor im römischen Stil, doch die germanische Kleiderordnung setzt sich mehr und mehr durch. Gleichzeitig tragen immer mehr Männer Waffen. Sowohl die reichen germanischen als auch die römischen Familien schicken ihre Kinder an den Königshof, um ihnen eine aussichtsreiche Zukunft zu sichern. Am Hof begegnet man sich, beschließt Hochzeiten und legt den Grundstein für eine neue Gesellschaft, die zusätzlich von einer gemeinsamen Religion zusammengeschmiedet wird: dem Christentum.

Die germanischen Könige werden von den römischen Städten angezogen und machen meist die berühmteste und mächtigste Stadt zu ihrer Hauptstadt. Chlodwig zum Beispiel errichtet seinen Sitz in Paris und Theoderich, der König der Ostgoten, wählt als Hauptstadt Ravenna. Das Mosaik auf einer der Mauern der Basilika Sant' Apollinare zeigt seinen Palast.

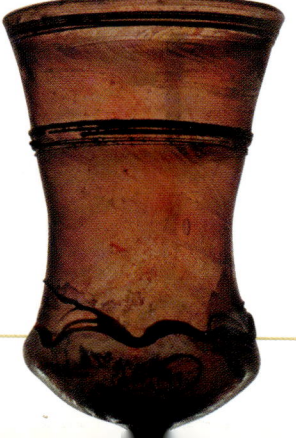

Zwischen Römern und Germanen herrscht ein reger Warenaustausch, zum Beispiel mit Olivenöl, Edelsteinen, Seide und Parfüm. Auch Glaswaren gehören zu den Luxusartikeln, die Germanen von Römern kaufen.

Ein Gesetz für alle

Um das Jahr 500 legt jedes germanische Reich seine Gesetze schriftlich fest. Das salische Recht zum Beispiel ist ein lateinischer Text mit den Gesetzen der Franken. Laut Gesetz ist man mit 15 Jahren volljährig. Es werden Strafen oder Wehrgelder für bestimmte Vergehen festgesetzt: 200 Schilling für die Ermordung eines Franken, 30 Schilling für Pferdediebstahl usw. Wer nicht zahlen kann, wird Sklave des Klägers. Die Einwohner römischer Abstammung befolgen weiterhin die römischen Gesetze.

Das Christentum erwacht

Im Winter des Jahres 610–611 ist der irische Mönch Kolumban zu Gast in der Pariser Villa des Autharius, einem reichen, fränkischen Landesherrn, der ihm seine Söhne Dado und Ado vorstellt. Die Begegnung mit dem heiligen Mann verändert das Leben der beiden Jungen. Der Mönch löst einen neuen religiösen Eifer aus.

Ein unermüdlicher Reisender

Kolumban verlässt 590 sein Kloster im irischen Bangor. Zunächst lässt er sich in Burgund nieder, wo er drei Klöster gründet: Annegray, Luxeuil und Fontaines. Er ist in seiner christlichen Moral so unnachgiebig, dass er schon bald den Zorn Theuderichs II. von Burgund erregt, weil er ihm seine vielen Ehefrauen vorwirft. Im Jahr 610 wird er zurück nach Irland geschickt, entkommt aber auf dem Weg dorthin und reist bis nach Bayern, wo es noch viele Heiden gibt (Menschen, die nicht an Gott glauben). An der Grenze zum Langobardenreich gründet er das Kloster von Bobbio (Italien). Dort stirbt er im Jahr 615.

Männer Gottes

Wie auch andere Geistliche seiner Zeit ist Kolumban der Meinung, dass das Christentum erneuert werden muss. Seit 391 ist das Christentum die offizielle Religion des Römischen Reiches. In jeder großen Stadt steht eine Kathedrale oder der Sitz eines Bischofs, der die Christengemeinschaft anführt. Auf dem Land ziehen sich Mönche in die Klöster zurück und widmen ihr Leben Gott. Der Aufschwung des Christentums wird durch die Ankunft der Germanen gestört, die an andere Götter glauben oder Arianer sind: Für sie ist Jesus ein normaler Mann und nicht Gottes Sohn.

In jener Zeit werden auch viele Nonnenklöster gegründet. Königin Radegund (518–587) beispielsweise zieht sich 555 vom Hof in das von ihr gegründete Kloster in Poitiers zurück.

Die Taufe Chlodwigs

Um 496 lässt Chlodwig sich als erster Frankenkönig in Reims mit tausenden seiner Soldaten taufen. Der Einfluss seiner Ehefrau Chlothilde, einer katholischen Prinzessin aus Burgund, ist für seine Bekehrung mitverantwortlich. Doch spielte auch eine Rolle, dass die Taufe ihm vor allem die Unterstützung der Bischöfe bei seinen Eroberungen einbrachte.

Die hohe Kunst der Buchmalerei

Irland wurde im 5. Jahrhundert vom heiligen Patrick christianisiert. Die irischen Klöster sind nicht nur für ihre Religiosität über die Landesgrenzen hinaus berühmt, sondern auch für ihre Kunst. Die Handschrift *Book of Kells*, die um 800 entstand, ist ein prachtvolles Beispiel dafür. Das Evangeliar mit seinen 680 Seiten ist mit farbigen Initialen und Darstellungen von Menschen und Tieren verziert.

Religiöse Auseinandersetzungen lassen nicht lange auf sich warten und manch einer nutzt dies, um die christlichen Grundsätze ganz zu vergessen: Herzöge plündern die Güter der Kirche, Bischöfe leben in Saus und Braus, Könige töten ihre Widersacher …

Die Benediktinerregel

Kolumban ist der Ansicht, dass Christen mehr beten und Buße üben sollten, und fordert von seinen Mönchen ein sehr hartes Leben mit wenig Schlaf und wenig Nahrung. Doch so viel Strenge ist nicht jedermanns Sache. Ein anderer Mönch, Benedikt von Nursia (480–547), meint, dass das Leben im Dienste Gottes nicht ausschließlich Härte bedeuten muss. In seinem Kloster in Montecassino (Italien) verbringen die Mönche ihre Tage mit Gebeten in der Kirche, Lesungen religiöser Bücher und körperlicher Arbeit. Die als Benediktinerregel bekannte, ausgeglichene Lebensweise der Mönche hat in ganz Europa großen Erfolg.

Die Rolle der Bischöfe

Der König der Westgoten, Rekkared, lässt sich 589 taufen, der Sachse Ethelbert wird 597 katholisch, der langobardische Prinz Aripert 653. Den germanischen Königen ist nun die Unterstützung der Bischöfe sicher, die Herren der Städte sind. Die Bischöfe stammen aus reichen Familien und werden häufig am Königshof erzogen. Sie sind gleichzeitig Diener Gottes und des Königs. Ado und Dado zum Beispiel, die Kolumban im Jahr 610 traf, wachsen am Hof des fränkischen Königs Chlotar II. auf. Ado wird Bischof von Paris, sein Bruder, der heilige Dado (Audoenus), wird Bischof von Rouen und politischer Berater König Dagoberts.

Das 630 von Ado gegründete Kloster von Jouarre folgt der Ordensregel Kolumbans. In der Kirche Saint-Paul kann man noch das Grab der ersten Äbtissin Theodechilde sehen *(auf dem Foto rechts).*

In manchen Gräbern entdeckte man kleine Goldkreuze, die an das Leichentuch gestickt wurden. Sie weisen darauf hin, dass der Tote Christ war.

Schwache Reiche

Im Jahr 566 heiratet der König von Austrien, Sigibert I., die schöne und reiche westgotische Prinzessin Brunhilde. Sein Bruder Chilperich I., König von Neustrien, nimmt daraufhin Galswintha, die Schwester von Brunhilde, zur Ehefrau, die ebenfalls viel Geld mit in die Ehe bringt.

Chilperich I. erwürgt seine Ehefrau Galswintha.

Verfeindete Brüder

Doch Chilperich verstößt Galswintha schon bald und heiratet die rachsüchtige Fredegunde, die keine zweite Frau neben sich erträgt. Eines Morgens findet man Galswintha tot in ihrem Bett; sie wurde ermordet. Als Brunhilde vom Mord an ihrer Schwester erfährt, schreit sie nach Rache. Sie und ihr Mann Sigibert versuchen das Reich von Chilperich an sich zu reißen, doch der tötet seinen Bruder. Es beginnt ein endloser Konflikt mit Kämpfen und Morden, der mit dem brutalen Mord an der 79-jährigen Brunhilde endet. Sie wird 613 von Chilperichs Sohn gefangen genommen und mit den Füßen an einem Pferd festgebunden, das im Galopp davonrast.

Im Jahr 1959 wird unter der Basilika von Saint-Denis bei Paris ein Grab entdeckt. Mithilfe eines Rings kann man die Leiche identifizieren. Es handelt sich um Arnegunde, die Ehefrau von Chlotar I., die um 570 mit reichem Schmuck und in Seidengewändern gekleidet beigesetzt wurde.

Die Ermordung von Sigibert I.

Die Ermordung von Brunhilde

Eine sehr große Familie!

Der Überlieferung zufolge ist der Großvater von Chlodwig ein gewisser Merowech gewesen. Die Historiker des 19. Jahrhunderts gaben seinen Nachfahren daher den Namen Merowinger. Diese regierten das Frankenreich von 457 bis 751.

Um 625–630 wurde König Redwald in Südengland mit seinen Waffen und einem sagenhaften Schatz in einem Boot bestattet. Teil des Schatzes war auch der Helm aus Eisen und vergoldeter Bronze.

Arme Königinnen!

Die Könige heiraten Töchter von hoher Geburt, um sich mit den Männern ihrer Familie zu verbünden, oder auch schöne Sklavinnen, die sie leicht verstoßen können, ohne Strafen fürchten zu müssen. Einige der Frauen spielen wichtige politische Rollen wie Balthild, eine sächsische Sklavin, die zwischen 657 und 665 Regentin von Neustrien ist.

Welch ein Durcheinander!

Zu viel Blut wird vergossen, zu viele Könige gieren nach Macht und Reichtum! Seit 561 ist das Frankenreich in drei Teile gespalten: Austrien im Osten mit den Regionen am Rhein und einem Teil des heutigen Deutschlands; Neustrien im Nordwesten mit Paris als Hauptstadt; Burgund im Süden, das von den Alpen bis in die Provence reicht. Zwischen den einzelnen Reichen kommt es ständig zu Kampfhandlungen und die Grenzen verschieben sich häufig. Doch anderswo ist es nicht besser! In Burgund lehnen sich die Prinzen der Provence gegen den König auf; Aquitanien erlangt seine Unabhängigkeit; Südengland ist in sieben kleine Reiche gespalten, die um 630 unter die Vorherrschaft des Nordens geraten; und in Spanien setzen die Bischöfe und Adligen den westgotischen Königen heftig zu.

Bei den Germanen sind lange Haare ein ruhmvolles, königliches Privileg. Im Jahr 656 lässt der Hausmeier Grimoald den Kopf des jungen Königs rasieren, als Zeichen dafür, dass er ihm seine Macht nimmt.

Warum so viel Chaos?

Die untereinander sehr zerstrittenen Reiche sind in Grafschaften unterteilt, die von Grafen regiert werden. Sie stammen aus adligen Familien, die seit Generationen mit dem König verbündet sind. Während die Könige immer ärmer werden, weil sie Ländereien und Belohnungen verteilen, um treue Verbündete an sich zu binden, häufen die Grafen riesige Besitztümer an und befehligen eigene Armeen. Der mächtigste unter ihnen ist der Hausmeier, der dem Hof des Königs vorsteht. Ab dem 6. Jahrhundert übernimmt der Hausmeier nach und nach die Rolle des Königs. Die Zeit der ersten abendländischen Reiche neigt sich ihrem Ende entgegen. Schon bald wird Europa ein neues Gesicht haben ...

Das ruhmreiche Byzanz

Das stolze Byzanz mit seinen prachtvollen Bauwerken ist eine Art Vorposten an den Toren des Orients. Hier treffen Europa und Asien, das Schwarze Meer und das Mittelmeer aufeinander. Nach der Stadt Byzanz ist ein mächtiges und strahlendes Reich benannt. Innerhalb seiner Grenzen entwickelt sich eine einzigartige Kultur, die das Erbe der Antike mit der triumphierenden christlichen Religion vereint. Prachtvolle Werke sind Zeugnisse der byzantinischen Kunst. Knapp tausend Jahre lang widersteht das Byzantinische Reich den Angriffen seiner Nachbarn. Erst 1453 fällt es geschwächt unter dem Ansturm der Türken.

Zwischen zwei Welten

Als der römische Kaiser Konstantin mit einem Lorbeerkranz auf dem Kopf am 11. Mai 330 in Byzanz Einzug hält, steht sein Entschluss fest. Feierlich verkündet er, dass er die Stadt zur zweiten Hauptstadt des Römischen Reiches macht und sie künftig seinen Namen tragen soll: Konstantinopel.

Das neue Rom

Als Byzanz um 658 v. Chr. von Byzas dem Griechen gegründet wird, kann keiner ahnen, dass es einst Weltruhm genießen wird. Doch sämtliche Handelswege nach Europa, Zentralasien und in den Orient führen über die Stadt an der Meerenge des Bosporus zwischen dem Schwarzen Meer und der Ägäis. Im Jahr 395 n. Chr. wird das Römische Reich in zwei Teile gespalten, um die in das Reich einfallenden Barbarenvölker besser bekämpfen zu können (siehe S. 8–9). Der weströmische Teil behält Rom als Hauptstadt, der oströmische Teil wird von Konstantinopel aus regiert. Nach der Plünderung Roms geht das Weströmische Reich 476 unter. Die Stadt Konstantins des Großen fühlt sich nun als das „neue Rom". Sie wird die Hauptstadt des Byzantinischen Reiches. Der oströmische Kaiser sieht sich nun als alleiniger, ruhmvoller Nachfolger der römischen Kaiser.

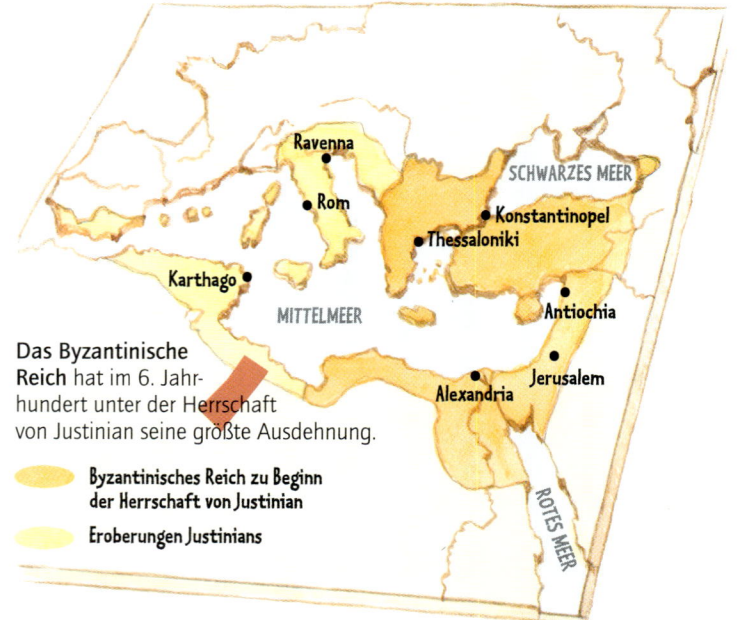

Das Byzantinische Reich hat im 6. Jahrhundert unter der Herrschaft von Justinian seine größte Ausdehnung.

Byzantinisches Reich zu Beginn der Herrschaft von Justinian

Eroberungen Justinians

Das griechische Feuer ist eine gefürchtete Waffe auf See, das der byzantinischen Flotte über Jahrhunderte eine Vormachtstellung sichert. Die Mischung aus Pulver, Salpeter und Pech entzündet sich bei Berührung mit Wasser und setzt die Schiffe der Gegner in Brand.

Im Jahr 1453 fällt Konstantinopel in die Hand der Türken. Die Niederlage besiegelt das Ende des christlichen Ostreichs.

Lang ersehnt: die Wiedereroberung

Die Kaiser Konstantinopels hegen nur einen Wunsch: Sie wollen das Römische Reich wiederherstellen. Kaiser Justinian, der von 527 bis 565 regiert, kann dieses Vorhaben schließlich fast umsetzen. Er erobert den größten Teil Nordafrikas, Südspanien und Italien zurück. Obwohl er das Frankenreich (das einstige Gallien) ausspart, wird das Mittelmeer dank seiner Armeen wieder zu einem römischen Binnenmeer. Einige Jahrhunderte später erheben die Kaiser der makedonischen Dynastie (867–1056) ihr Reich zur vorherrschenden Weltmacht. Byzanz erstrahlt in nie da gewesenem Glanz. Es erstreckt sich über den Balkan und Kleinasien, reicht von der Donau bis an den Euphrat. Damit ist es kleiner als zu Zeiten von Justinian, doch dafür geordneter.

Etwas Wehmut

Wegen seiner Lage am Knotenpunkt zwischen Europa und Asien muss das Byzantinische Reich seine Grenzen im Orient, in Mitteleuropa und in Italien ständig gegen Angreifer verteidigen. Es erstaunt daher nicht, dass die byzantinische Geschichte bis 1453 von zahlreichen Grenzkriegen geprägt ist, die das Reich immer wieder ins Wanken bringen. Langobarden, Perser, Awaren, Slawen und Bulgaren rennen gegen seine Grenzen an, doch die größte Gefahr geht von den Arabern aus, die Konstantinopel 674 und 717 belagern. Ab dem 11. Jahrhundert sucht Byzanz Verbündete im Westen, die bei der Verteidigung der Grenzen helfen sollen, doch dies beschleunigt seinen Untergang. Im Jahr 1204 nehmen die Kreuzfahrer die Stadt ein; sie plündern und verwüsten sie. Mit der Eroberung Konstantinopels durch die Türken im Jahr 1453 geht das Reich schließlich unter.

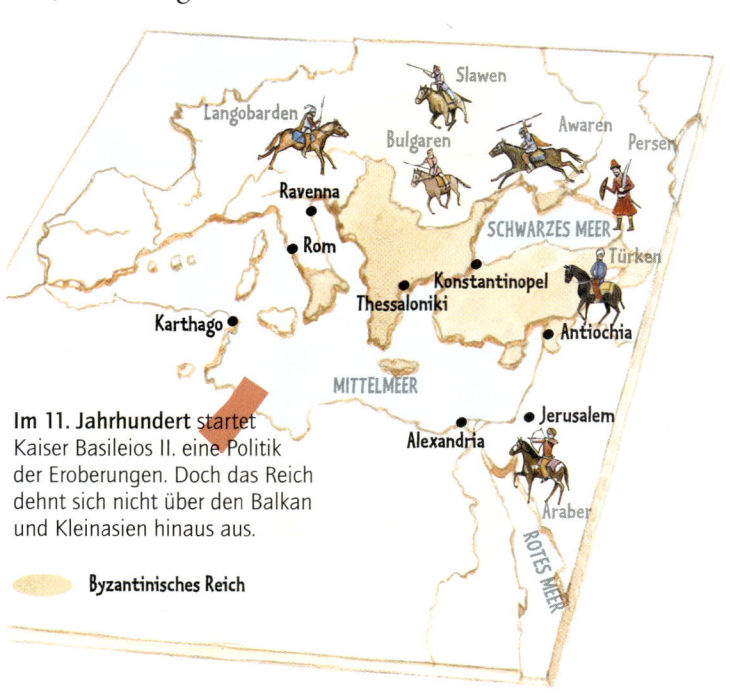

Im 11. Jahrhundert startet Kaiser Basileios II. eine Politik der Eroberungen. Doch das Reich dehnt sich nicht über den Balkan und Kleinasien hinaus aus.

⬭ Byzantinisches Reich

Am Hof von Byzanz

Eine Schar Diener umschwärmt den Herrscher auf leisen Sohlen. Die Seide raschelt, als die in prunkvolle Gewänder gekleideten Würdenträger sich nähern, hinknien und niederwerfen. Der Kaiser hält Audienz. In dem mit Gold und Mosaiken prächtig ausgekleideten Empfangssaal empfängt er auf seinem Thron die Bittsteller.

Ein römischer und christlicher Kaiser

Strenge Zeremonien regeln das Leben im Kaiserpalast. Die Person des Kaisers wird verherrlicht. Man nennt ihn *basileus autokrator*, allmächtiger König. Wie früher in Rom gelangt der Kaiser mit der Zustimmung des Heers, des Senats und des Volkes auf den Thron. Er sieht sich als Herrscher über die gesamte christliche und römische Welt. Er wird vom Patriarchen (Kirchenvertreter) gekrönt und bezeichnet sich selbst als „Stellvertreter Gottes auf Erden". Das macht ihn zu einer heiligen Person mit göttlicher Macht. Als Gottes Vertreter kann er sich in Kirchenangelegenheiten einmischen. Gleichzeitig ist er aber auch verwundbar. Wenn der Kaiser zum Beispiel durch einen Staatsstreich abgesetzt wird und der neue Thronanwärter sich bei Erfolg als Auserwählter Gottes bezeichnet, kann niemand ihm widersprechen.

Das kaiserliche Gefolge

Der Kaiser lebt mit seiner Familie im Kaiserpalast von Konstantinopel, wo er von einer ganzen Reihe von Würdenträgern umgeben ist. Die hohen Beamten gehören dem Adel oder der Familie des Kaisers an. Sie übernehmen Aufgaben in Verwaltung und Militär. Der Kaiser lädt sie ein, an seinem Tisch zu essen. Bei großen Feierlichkeiten werden zwölf Gäste (wie die zwölf Apostel in der Bibel) ausgewählt; ihr jeweiliger Rang bestimmt die Sitzordnung. Einmal im Jahr, in der Osterwoche, werden die hohen Beamten bezahlt: Sie erhalten einen Beutel voller Goldstücke und purpurfarbene Seidenstoffe.

Straffe Verwaltung

Wie im Römischen Reich gibt es auch hier eine Zentralverwaltung: Der Kaiser hält alle Macht in seinen Händen. Auf allen Befehlsebenen überwachen die Beamten die Umsetzung der in Konstantinopel getroffenen Entscheidungen. Sie kontrollieren die Steuereinnahmen, die auf Handel und auf Grundbesitz erhoben werden. Kaiserliche Inspektoren reisen ohne Unterlass durch das Land und nehmen die Besitzverhältnisse in ein Kataster auf. Ab dem 7. Jahrhundert werden die Provinzen in „Themen" unterteilt. Jeder dieser Distrikte wird von einem Strategen regiert. Dieser ist für alle militärischen und zivilen Fragen zuständig und kann Soldaten und Seemänner verpflichten, wenn das Reich bedroht ist.

Vergnügungen am Hof

Die Auswahl ist groß: Es gibt Treibjagden auf Großwild, leidenschaftlich geführte Polopartien oder die ruhigeren Karten- und Schachspiele. Doch der Hof und das Volk lieben vor allem die Pferderennen im Hippodrom. Sie begeistern die Zuschauer, die sich in zwei Lager spalten: Es gibt die Blauen und die Grünen! Die Menge jubelt, wenn die Wagenlenker in die Arena kommen, denn für einen Sieg riskieren diese alles!

Justinian I. (482–565), ein mächtiger Kaiser und zugleich großer Reformer, Bauherr und Eroberer

Konstantinos IX. Monomachos (um 980–1055), Kaiser der ruhmreichen makedonischen Dynastie

Theodora, Kaiserin von Byzanz

An der Spitze eines langen Gefolges schreitet Theodora majestätisch neben ihrem Gatten, dem Kaiser Justinian, in den Raum. Ihr Schmuck aus Perlen und Edelsteinen glitzert tausendfach. Diese Zurschaustellung von Prunk und Pracht verzückt die Zuschauer und man hört leises Gemurmel. Wie weit wird die Kaiserin in ihrer Eitelkeit und ihrem Hochmut noch gehen?

Vom Hippodrom in den Palast

Theodora war ihr außergewöhnliches Schicksal in keinster Weise vorherbestimmt. Sie wird 508 als Tochter eines Tierwärters geboren, der häufig Aufführungen im Hippodrom von Konstantinopel macht. Als junge Frau nimmt sie als Tänzerin an den Vorstellungen teil und weckt das Interesse von Justinian, der von ihrer Grazie und ihrer Schönheit geblendet ist. Als er 527 in der Hagia Sophia zum Kaiser gekrönt wird, ist Theodora bereits seit vier Jahren seine Gemahlin. Es beginnt eine ruhmreiche Herrschaft, bei der sie die Geschicke des Reiches mitbestimmt.

Theodora und ihre Hofdamen

Unterschiedliche Charaktere

Beide Ehegatten sind starke Persönlichkeiten, doch auf völlig unterschiedliche Weise. Justinian arbeitet hart, ist sehr kultiviert und führt ein einfaches Leben; er ernährt sich nur von Gemüse und trinkt niemals Wein. Er wird der „wache Kaiser" genannt, da er oft die halbe Nacht arbeitet, wenn alle im Palast schlafen. Seine Frau dagegen liebt Luxus und Vergnügungen und geht keinen Schritt ohne ihre vielen Hofdamen. Sie hat jedoch etwas, das ihrem Gemahl fehlt: Mut und Willenskraft. Bis zu ihrem Tod übt sie großen Einfluss auf die Entscheidungen des Kaisers aus.

An der Seite von Justinian

Theodora ist entschlossen, der Politik Justinians ihren Stempel aufzudrücken. Als der Herrscher beschließt, das römische Recht aufzuzeichnen und zu einer Rechtssammlung namens Codex Justinianus zusammenzufassen, ist sie erst zufrieden, als auch die rechtliche Stellung der Frau verbessert wird. Sie versucht auch immer wieder die Religionspolitik Justinians zu beeinflussen. Die Kaiserin unterstützt die Kirche der Monophysiten, deren Glaube von der offiziellen Doktrin abweicht. Sie will sogar den damaligen Papst Silverius absetzen. Doch Justinian folgt ihr nicht, da ihm die religiöse Einheit seines Reiches wichtiger ist. Im Jahr 532, als ein Aufstand in Konstantinopel die Machtverhältnisse erschüttert, beweist Theodora erstaunliche Kaltblütigkeit. Während die Stadt brennt und viel Blut fließt, verhindert sie, dass Justinian flieht. Sie holt den Feldherrn Belisar, der die Aufständischen im Hippodrom einschließt und hinrichtet. Das rettet dem Kaiser den Thron. Der Tod der Kaiserin im Jahr 548 beraubt Justinian ihrer treuen Unterstützung. Bis an das Ende seiner Regierungszeit 565 erwarten ihn noch viele schwere Jahre.

Kaiserliche Farbe

Die Farbe Purpur ist dem Kaiser und seiner Familie vorbehalten. Die Kaiserinnen, die dem Herrscher einen Erben gebären, bringen das Kind in einem speziellen Raum des Palastes zur Welt, der mit purpurfarbener Seide ausgekleidet ist. Diese Kinder nennt man aus diesem Grund „Porphyrogennetos", was „im Purpur geboren" bedeutet.

Noch mehr Kaiserinnen

Irene

Zoë

Im Laufe der Geschichte spielen starke Frauen immer wieder eine wichtige Rolle in Byzanz. Im Gegensatz zu Theodora regieren die meisten anderen Frauen alleine, nachdem eine Palastrevolution oder ein Staatsstreich erfolgreich verlaufen ist. Sie vertreten ihre Kinder, bis sie alt genug sind, selbst zu regieren. Aelia Eudoxia, Tochter eines fränkischen Königs, die im Jahr 395 mit Kaiser Arkadios vermählt wird, schickt zum Beispiel den Bischof Johannes Chrysostomus ins Exil, weil er öffentlich ihre Verschwendungssucht und ihre Willfährigkeit anprangert. Am Ende ihres Lebens regiert die Kaiserin praktisch alleine. Irene (752–803), die Mutter von Konstantin VI., ist eine sehr machthungrige Frau. Als ihr Sohn volljährig wird, will sie ihm den Thron nicht überlassen und lässt ihn blenden. Anschließend plant sie, Karl den Großen zu heiraten. Eine andere Kaiserin ist Zoë (978–1050), die zwei Kaiser heiratet: Romanos III. und Michael IV. Der Neffe des Letzteren, Michael V., versucht vergeblich, sie in einem Kloster einzuschließen, bevor sie den Kaiser Konstantinos Monomachos zu ihrem dritten Gemahl machen kann. An seiner Seite regiert sie acht Jahre.

Alltag auf dem Land

Im Dorf herrscht seit einigen Tagen Unruhe. Die Bauern blicken sorgenvoll in den blauen Himmel: Es herrscht Trockenheit und der Frost hat einen Teil der Saat des letzten Winters zerstört. Die Bauern auf dem Land führen ein hartes Leben. Auf ihrer Arbeit basiert der Reichtum des Landes. Sie zahlen hohe Steuern und leisten Kriegsdienst. An ihrer Stellung erkennt man gut, welche Ungleichheiten in der Gesellschaft herrschen.

Der Kaiser, die Kirche und der Adel sind die Besitzer riesiger Ländereien im ganzen Reich, die von Kleinbauern bearbeitet werden. Die Bauern sind ihre Pächter. Wenn die Grundherren weit entfernt von ihren Gütern wohnen, ernennen sie einen Verwalter, der die Pacht in Silber oder in Naturalabgaben eintreibt, und sehen ab und zu selbst nach dem Rechten. Die Landhäuser der Grundherren sind prachtvolle Anlagen mit arkadenumsäumten Höfen. Die Bauern holen sich bei ihrem Herrn Rat oder lassen einen Streit schlichten.

Ochsen zählen

Das wichtigste Arbeitsgerät des Bauern ist sein Ochsengespann. Nach der Anzahl der eingesetzten Ochsen wird auch die Größe eines Besitzes berechnet: Ein kleines Stück Land ist „ein Joch Ochsen", da ein Gespann Ochsen das Land an einem Tag umpflügen kann. Größere Besitze heißen z.B. „zwei Joch Ochsen".

Unzählige Kleinbauern

Die Bauern leben in Dorfgemeinschaften. Manche sind freie Bauern, manche Pächter und manche sind Hörige (sie können nur mehrere kleine Stücke Land pachten und bestellen). Einmal im Jahr müssen die Bauern eine Grundsteuer entrichten. Wenn ein Mitglied des Dorfes nicht zahlen kann, bezahlen die anderen für ihn, da die Dorfgemeinschaft in ihrer Gesamtheit für die Steuerschuld aufkommen muss.

Ackerbau

Auf den Feldern wird fast nur Weizen und Gerste angebaut. Die beiden Getreidesorten sind die wichtigsten Grundnahrungsmittel. Der Boden im Mittelmeerraum ist locker und relativ karg. Aus diesem Grund lässt man die Felder jedes zweite Jahr brachliegen. Der Acker wird mit einem Holzpflug gepflügt, den zwei Ochsen ziehen. Der Ertrag ist recht gering. Bei heftigen Regenfällen, Frost und Trockenheit drohen Hungersnöte.

Vom Garten auf den Tisch

Der Obst- und Gemüsegarten am Haus ist sehr wertvoll. Hier wächst Obst und Gemüse, das auf dem Markt verkauft wird. Aus Weintrauben wird ein süßer Wein gemacht, der in Tonkrügen lagert. Die Olivenbäume liefern Öl für Essen und Beleuchtung und mit dem Honig aus den Bienenstöcken süßt man die Speisen. Ein paar Schafe und Ziegen liefern Wolle und Milch, aus der man Käse macht.

Bauernsoldaten

Jeder Einwohner des Reiches, der ein Stück Land besitzt, muss Wehrdienst leisten. Die freien Bauern können jederzeit vom Strategen, dem militärischen Führer, einberufen werden. Sie stellen ab dem 7. Jahrhundert die Armee. Wenn sie gerufen werden, müssen sie sich mit einem Pferd, einem Bogen und einer Lanze am Treffpunkt einfinden. Die Ausrüstung der Ärmeren wird von der Dorfgemeinschaft bezahlt. Im 11. Jahrhundert wird der Wehrdienst durch eine Steuer ersetzt, mit der Berufssoldaten bezahlt werden.

Königliches Konstantinopel

Die Augen der Byzantiner leuchten, wenn sie von ihrer Stadt sprechen. Stolz nennen sie sie „Schöne Stadt", „Leuchtende Stadt" oder „Neues Rom", denn kein anderer Ort kann sich ihrer Meinung nach mit dem prächtigen Konstantinopel messen.

MARMARAMEER

❸

Wie in einem Bienenkorb

Zahlreiche Handwerker arbeiten in ihren Werkstätten, die zur Straße hin offen sind, da sie gleichzeitig auch Geschäftsraum sind. Die Berufe werden vom Eparchen, dem Statthalter der Stadt, überwacht. Er organisiert auch die Versorgung der riesigen Stadt. In den kaiserlichen Werkstätten stellen Weber die purpurfarbene Seide für den Kaiser her. Der Handel mit dieser Seide ist untersagt.

Eine besondere Lage

Konstantinopel liegt an der Meerenge des Bosporus. Es ist Knotenpunkt für den Verkehr zwischen Abendland und Morgenland. Die angrenzenden Meere (Marmarameer und Schwarzes Meer) geben der Stadt einen natürlichen Schutz, die Fahrrinne des Goldenen Horns ist gut bewacht.

Uneinnehmbare Festungsanlagen

Die im 5. Jahrhundert von Theodosius errichtete Landmauer ① ist 21 km lang und mit 394 Türmen bewehrt. Sie sichert 13 000 Hektar Stadtfläche ab. Bis 1204 hält sie jeden Feind auf, doch die 400 000 Einwohner finden in ihrem Innern kaum noch Platz.

Großer Kaiserpalast ②

Hier schlägt das Herz des Reiches. Die kaiserliche Residenz und alle Verwaltungen der Regierung sind hier untergebracht. Im 11. Jahrhundert wird der Palast zugunsten des Blachernen-Palastes aufgegeben.

Augusteum ③

Der große, kreisrunde Platz ist das Zentrum der Stadt. Bis 726 steht auf dem Platz eine Säule mit einer Statue Konstantins. Ganz in der Nähe befindet sich auch das Hippodrom, in dem 50 000 Menschen Platz finden.

Mese ④

Die Mittelstraße ist die Haupt-

schlagader der Stadt. Zahlreiche Plätze liegen an der Straße, die die Stadt in mehrere Viertel unterteilt. Hier reihen sich die Werkstätten der Goldschmiede und Weber und die Stuben der Geldwechsler aneinander. Es ist ein Gewirr aus Häusern, Palästen und Kirchen. In den Straßen tummelt sich eine lärmende Menge. Die Straßenverkäufer rufen ihre Waren aus, die Träger eilen ihres Weges, die Armen betteln

und die Wahrsager suchen nach Kunden. Hier und da bahnt sich ein Würdenträger hoch zu Ross einen Weg durch das Gedränge.

Hagia Sophia ⑤
(siehe S. 34–35)

Goldenes Horn ⑥
In dem Hafenviertel leben die italienischen Händler. Die arabischen, russischen und bulgarischen Kaufleute leben außerhalb der

Stadt. Eine Sperrkette verhindert den Zugang zum Goldenen Horn und schützt die Stadt vor Angriffen vom Meer ⑦.

Viel Wasser!
Über Aquädukte wird das Wasser von Quellen im Hinterland in die Stadt geleitet und in großen, unterirdischen Zisternen ⑧ oder unter offenem Himmel gelagert.

29

Byzantinische Kunst und Kultur

In der gerade erst fertig gestellten Kirche balanciert ein Künstler hoch oben auf einem Gerüst. Geschickt ordnet er winzige Steinchen aus Glaspaste auf einer frischen Putzschicht an. Nach und nach erkennt man im Zentrum des riesigen Mosaiks das Gesicht Christi.

Griechisches und römisches Erbe

Die antike Kultur stößt zunächst auf Ablehnung, da sie nicht christlich ist. Doch nach und nach nimmt vor allem die griechische Kultur einen immer wichtigeren Platz in der Erziehung der adligen Kinder ein. In kostspieligen Privatschulen lernen sie lesen und schreiben. Sie studieren die Regeln der griechischen Grammatik, die Werke des Dichters Homer, Geometrie, Philosophie und auch Rhetorik (Redekunst). Gelehrte wie Arethas und die Kopisten unter den Mönchen stellen die weitere Überlieferung des antiken Erbes

Die größten Bibliotheken befinden sich im Kaiserpalast und in den Klöstern.

sicher. Erstere veröffentlichen die Texte der großen antiken Denker wie Platon und Aristoteles; Letztere kopieren sie auf Pergament. Ab dem 9. Jahrhundert verwenden sie eine vereinfachte Schrift, die schneller und einfacher zu lesen ist: Sie besteht nur aus Kleinbuchstaben.

Außerhalb der Grenzen

Nicht nur der Ruhm, auch die Religion von Byzanz strahlt über die Reichsgrenzen hinaus. Im 9. Jahrhundert verbreiten die Mönche Kyrillos und Methodios das Christentum unter den slawischen Völkern wie den Mährern und den Bulgaren. Damit diese die

Spionierende Mönche

Im 6. Jahrhundert schmuggelten Mönche in ihren Pilgerstäben Seidenraupen aus China heraus. Dank dieser List konnte das Geheimnis der Seidenherstellung, das von den Chinesen 3000 Jahre lang eifersüchtig gehütet wurde, gelüftet werden. Nun begann man auch in Byzanz und später in italienischen Städten mit der Seidenproduktion.

übersetzten Evangelien lesen können, erfindet Kyrillos die nach ihm benannte kyrillische Schrift. Sie wird noch heute in Russland, der Ukraine, Bulgarien und Serbien verwendet. Nach der Bekehrung von Wladimir I. (Großfürst von Kiew) im Jahr 989 bauen die Russen eine Kirche auf, die zu Beginn von Griechen geführt wird. Der Glaube schafft eine enge Beziehung zu Byzanz.

Konstantinopel ist für seine Goldschmiede- arbeiten berühmt: Kelche, Schmuck oder kostbare Wasser- karaffen mit Henkel und Schnabel zum Ausgießen.

Kyrillos (um 827–869) und **Methodius** (um 825– 885) bekehren die Slawen zum Christentum.

bigen zur Andacht ein: Die Wände sind mit farbigen Fresken geschmückt, die Kuppeln mit glitzernden Mosaiken. Die Gläubigen beten vor Ikonen, auf denen die Heiligen auf Holztafeln abgebildet sind *(siehe S. 33)*, oder vor kostbaren Reliquienschreinen aus Edelmetall, in denen Reliquien, also Überreste von Heiligen, auf- bewahrt werden. In der Stadt leben viele Kunsthandwerker, die vom Adel oder Kaiserhof Aufträge erhalten. Die Goldschmiede und Elfenbein- schnitzer überbieten sich an Kunst- fertigkeit und die Weber stellen die schönsten Seiden- stoffe für den Kaiser her.

Mit Edelsteinen besetzte Schmuckstücke aus Gold oder Silber sind sehr beliebt.

Große Kunst

Die vom Orient beeinflusste byzan- tinische Kultur kann sich einer hoch entwickelten Kunst rühmen. Sie hat überwiegend religiöse Motive und kann in den vielen Kirchen bestaunt werden, die überall im Reich stehen. Alle Kirchen haben einen kreuz- förmigen Grundriss (mit vier gleich langen Armen), über dem sich elegante Kuppeln erheben. Im Innern lädt die reiche Dekoration die Gläu-

Meister der Mosaike

Das Mosaik ist eine Kunstform, bei der aus kleinen Würfeln aus Stein, Marmor oder Glas Bilder entstehen. Die byzantinischen Mosaizisten setzten die Steine auf eine mit frischem Putz überzogene Oberfläche, auf der das gewünschte Bild vorgezeichnet war. Manchmal wurden die Steine mit Blattgold oder Silber überzogen, sodass sie im Licht schimmerten. Die Mosaikkunst war auch außerhalb der Grenzen des Byzantinischen Reiches bekannt und man kann ihre Schönheit noch in Russland (Sophien- kathedrale in Kiew), auf Sizilien (Dom von Cefalù) und anderswo bestaunen.

Die Religion ist allgegenwärtig

Sie lassen alles zurück, ernähren sich von Wurzeln und leben im Wald, in Höhlen oder in den Bergen. Man bittet sie dafür zu beten, dass es regnet, das Hochwasser zurückgeht oder die Heuschrecken verschwinden. Sie sind Mönche, die in die Dörfer kommen um zu betteln und von den Bewohnern mit Respekt und Bewunderung behandelt werden.

Der heilige Antonius (251/2–356) ist der erste Mönch (von griechisch *monachos*, allein lebend).

Leidenschaftliche Debatten

Das Leben der Byzantiner ist von der Religion durchdrungen. Gebete regeln den Tagesablauf, kirchliche Feste und Feiern prägen den Jahresrhythmus. Die Religion beflügelt auch den Geist: Vom Kaiser bis hin zum einfachen Mann beteiligen sich alle leidenschaftlich an religiösen Diskussionen. Dem Kaiser kommt mit dem Patriarchen, dem zweithöchsten Gottesdiener des Reiches, die Rolle des Schlichters zu. Er verteidigt den „rechten Glauben", die so genannte Orthodoxie, wie sie von der Konferenz der Bischöfe der gesamten christlichen Welt 451 festgelegt wurde. Zwischen 726 und 843 wird aus diesem Grund der Ikonenkult als Quelle von Aberglauben untersagt.

Das Mönchtum

Abseits aller Diskussionen leben die Mönche. Sie werden als Gesandte Gottes betrachtet. Ihr Ansehen ist größer als das der Priester, deren Stellung vom Vater an den Sohn innerhalb einer Dorfgemeinschaft weitergegeben wird. Einige Mönche leben zurückgezogen in völliger Abgeschiedenheit nach dem Vorbild des heiligen Antonius, der um 270 in der ägyptischen Wüste die erste Einsiedelei gündete. Die meisten Mönche leben jedoch in Klöstern, die voneinander unabhängig sind. Jedes Kloster

Der heilige Symeon (390–459) verbringt 27 Jahre seines Lebens auf einer Säule, um dem Himmel näher zu sein.

wird von einem Abt geleitet und befolgt eigene Regeln. Die Mönche in ihren schwarzen Kutten empfangen in ihren Klöstern Reisende, unterstützen die Armen und Kranken, geben jedoch keinen Unterricht. Sie beten vor allem für das Heil der Seelen der Verstorbenen, die einen Teil ihres Vermögens der Gemeinschaft überschrieben haben. Überall auf dem Land entstehen Klöster, aber nur wenige überdauern ihren Gründer. Einige werden jedoch zu großen religiösen Zentren und bestehen jahrhundertelang wie der Berg Athos in Griechenland.

Die Macht der Ikonen

Die Ikonenverehrung ist ein typisches Merkmal der Ostkirche. Die Christen betrachten die Ikonen als heilige Darstellungen der darauf abgebildeten Figuren; Jesus Christus, Maria und die Heiligen sind die häufigsten Motive. Den Ikonen werden besondere Kräfte zugeschrieben: Sie können heilen, für eine leichte Geburt sorgen, Gefahren auf Reisen fern halten usw. Die Bildnisse werden mit Wasserfarben auf kleine Holztafeln aufgemalt und stehen in Kirchen und Häusern. Sie sind Zeichen einer großen Frömmigkeit.

Der **Berg Athos** mit seinen vielen Klöstern liegt auf einer Halbinsel. In früheren Zeiten hatten Frauen hier keinen Zugang.

Die Spaltung

Die griechische und die lateinische Kirche kämpfen um die Vorherrschaft in der christlichen Welt. Der Papst in Rom, der von lauter germanischen Reichen umgeben ist, und der Patriarch von Konstantinopel, der vom byzantinischen Kaiser unterstützt wird, streiten darüber, wie eine Messe gefeiert werden soll und wie die heiligen Texte auszulegen sind. Ihre Rivalität führt zur endgültigen Trennung der beiden Kirchen, dem „Großen Schisma" von 1054. In der christlichen Welt gibt es nun die „orthodoxe" Kirche mit dem Patriarchen in Konstantinopel und die römisch-katholische Kirche mit dem Papst in Rom.

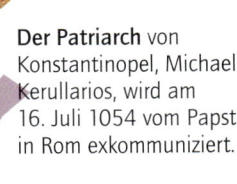

Der Patriarch von Konstantinopel, Michael Kerullarios, wird am 16. Juli 1054 vom Papst in Rom exkommuniziert.

Die Hagia Sophia

Fast täglich schaut Kaiser Justinian, in Weiß gekleidet und den Kopf mit einem Schleier bedeckt, auf der Baustelle vorbei. Am 26. Dezember 537 erklärt er während der Einweihung feierlich: „Ich preise den Herrn, der mich für würdig hielt, ein solch großes Werk zu vollenden." Mit einer Anspielung auf den König von Israel, der den Tempel von Jerusalem erbaute, fügt er hinzu: „Oh Salomon, ich habe dich übertroffen!"

Zu Ehren des heiligen Markus

Die Stadt Venedig, die mit Byzanz enge Handelsbeziehungen unterhält, lässt zwischen 1063 und 1085 byzantinische Arbeiter kommen, die den Markusdom nach dem Vorbild der Hagia Sophia errichten sollen. Fünf Kuppeln schmücken die herrliche Kirche, in der die Reliquien des heiligen Markus liegen. Über dem Hauptportal schmücken vier Bronzepferde die Fassade, die die Kreuzfahrer 1204 aus Byzanz mitbringen.

Wie Salomon hat auch Justinian einen Sinn für das Prunkvolle. Er will seiner Hauptstadt Konstantinopel ein Bauwerk schenken, das ihrem Ruhm Ehre macht. Daher befiehlt der Kaiser, die 325 von Konstantin gegründete Sophienkirche, die der heiligen Weisheit (*Hagia Sophia* auf Griechisch) gewidmet ist, durch ein prachtvolles Bauwerk zu ersetzen. Er beauftragt zwei griechische Baumeister mit den Arbeiten: Anthemios von Tralles und Isidor von Milet. Die Kirche mit dem Grundriss eines griechischen Kreuzes wird von der Hauptkuppel beherrscht, die sich in 55 m Höhe erhebt und einen Durch-

Der Innenraum der Hagia Sophia als Kirche ① und als Moschee ②

messer von 31 m hat. Sie soll den Himmel symbolisieren, den Sitz des Reichs Gottes. Die Architekten stützen die Kuppel über einem quadratischen Grund durch zwei Halbkuppeln ab und bauen dicke Säulen, Gewölbe und Strebepfeiler ein. Der Bau, an dem zehntausend Arbeiter beschäftigt sind, kommt zügig voran. Innerhalb von fünf Jahren (532–537) wird die Kathedrale erbaut. Eine große Menschenmenge strömt herbei, um die prachtvolle Ausstattung zu bewundern. Die wertvollen Materialien stammen aus dem ganzen Reich: mehrfarbiger Marmor, Porphyr, Jaspis und Alabaster. Unwiderstehlich wird der Blick von den Kuppeln angezogen, die mit goldgrundigen Mosaiken ausgeschmückt sind. Motive aus der Pflanzenwelt und der Geometrie sowie vor allem Jesus-Darstellungen beherrschen das Bild. Die Kirche wird zum Vorbild aller östlichen Kirchen. 1453 wird sie in eine Moschee umgewandelt.

Die Welt des Islam

Der Vordere Orient ist bereits die Wiege zweier großer Religionen (Judentum und Christentum), als im 7. Jahrhundert der Islam aufkommt. Der neue Glaube, der auf den Propheten Mohammed zurückgeht, breitet sich schnell über die Grenzen der arabischen Welt hinaus aus und findet in nur wenigen Jahrhunderten Anhänger vom südlichen Mittelmeer bis an den Atlantik. Die Anziehungskraft dieser Religion verhilft auch einer neuen Weltmacht zum Aufstieg: dem Kalifenreich. Eine reiche und vielfältige Kultur entsteht, ein goldenes Zeitalter bricht an.

Mohammed, der Prophet

Unermüdlich zieht er an der Spitze einer langen Kamelkarawane in Richtung Süden. Vor ihm liegt die unendliche Weite des Sandmeeres und über ihm die unendliche Weite des Himmels ... Dort, in der Stille der Wüste, findet er zu sich.

Arabien im 6. Jahrhundert

Das Land besteht aus einer riesigen trockenen Wüste, in der Beduinenstämme und Nomaden mit ihren Ziegen-, Schaf- und Kamelherden von Ort zu Ort ziehen. Das Leben der Menschen ist hart. Tagsüber herrscht brütende Hitze, nachts wird es eisig kalt. Auf der Suche nach Wasser und Viehweiden durchwandern die Stämme die Wüste. In Notzeiten organisieren sie Überfälle: Sie plündern Karawanen und Oasen, rauben Frauen und Kinder, die sie als Sklaven verkaufen. In Arabien leben alle Menschen der Wüste und der Dörfer in Stämmen, zu denen mehrere Sippen gehören. Der Stamm samt Mitgliedern trägt den Namen des ehemaligen Gründers und wird von einem Oberhaupt angeführt: dem Scheich.

Textquellen

Im Koran kann man etwas über das Leben des Propheten Mohammed erfahren. Er ist der einzige zu seinen Lebzeiten entstandene Text. Die Sira (das „Leben" des Mohammed) wurde zweihundert Jahre nach seinem Tod verfasst. Ein weiteres Jahrhundert später wurden im Haddith die Mohammed zugeschriebenen Aussprüche gesammelt. Alle Texte nehmen Bezug auf Ereignisse, die sich tatsächlich ereigneten, doch ihr Inhalt ist vor allem religiös.

Die arabische Halbinsel im 6. Jahrhundert. Arabien ist das Land der Sarazenen, ein Volk, das überwiegend aus Beduinen besteht. Es gibt auch einige sesshafte Stämme. Sie leben in Oasen wie Yathrib und Mekka.

SLAWEN
Donau
SCHWARZES MEER
Konstantinopel
KASPISCHES MEER
Antiochia
Córdoba
Tunis
Bagdad
Gibraltar
Kairuan
MITTELMEER
Damaskus
Tigris
Basra
Fes
Jerusalem
Euphrat
Alexandria
MAUREN
Medina (Yathrib)
Mekka
ROTES MEER
NIL
INDISCHER OZEAN

- arabische Halbinsel beim Tod Mohammeds
- Persisches Reich
- Frankenreich
- Byzantinisches Reich
- Oase

Mohammed, der Karawanenführer

In jener Zeit glauben die Araber an Dschinn, das sind Geister, die man nicht ver- ärgern darf, an mehrere Gottheiten und an Allah, den Schöpfer der Welt. Um ihre Götter zu ehren, pilgern sie zur Kaaba nach Mekka *(siehe rechts)*. In dieser Stadt wird Mohammed um 570 geboren. Als er im Alter von sechs Jahren seine Mutter Amina verliert, wird sein Onkel Abu Talib zu seinem Beschützer und nimmt ihn in seinem Karawanengeschäft auf. Auf seinen Reisen trifft Moham- med Juden und Christen, die ihm von ihrer Religion erzäh- len. Um 590 tritt er in den Dienst der Witwe Chadidscha, deren Karawanen er führen soll. Nach 5 Jahren heiratet er sie. Aus dieser Ehe stammen sechs Kinder, doch nur die jüngste Tochter überlebt.

Die Offenbarung

Im Alter von etwa 40 Jahren erlebt Mohammed in der Höhle am Berg Hira (bei Mekka), wo er häufig meditiert, seine ersten Offenbarungen. Der Engel Gabriel erscheint ihm und verkündet, dass Allah ihn als Propheten, also Gesandten, auserwählt hat. Er soll das Wort Gottes ver- künden. Mohammed wieder- holt die Botschaften Allahs jeden Tag, 22 Jahre lang, und diktiert sie seinen Angehörigen.

① **Die Offenbarung** in der Höhle am Berg Hira
② **Die Armee** Mohammeds kämpft gegen die Mekkaner
③ **Die Predigt** in der Kaaba
④ **Die „Nachtreise"** Mohammeds *(siehe S. 44)*

Ein geheimnisvoller schwarzer Stein

Die Araber glauben, dass der Tempel der Kaaba von Adam erbaut und bei der Sint- flut zerstört wurde. Später bauten Abraham und sein Sohn Ismael ihn wieder auf. Das Herz der Kaaba ist der Schwarze Stein: ein Meteorit, den Abraham vom Engel Gabriel als Symbol der Verbindung zwischen Gott und den Menschen erhielt. Es stehen auch zahlreiche Heiligen- statuen in der Kaaba. Nach seinem Ein- marsch in Mekka befiehlt Mohammed ihre Zerstörung. Nur der Schwarze Stein wird verschont.

Diese Texte sind im Koran (arab. „Rezitationsbuch"), dem heiligen Buch der Muslime, gesammelt. Die darin enthaltene Botschaft ist einfach: Jeder Mensch muss sich Allah unter- werfen; es gibt keinen Gott außer Gott.

Der erste Muslim

Nur bei seiner Familie und bei wenigen Pilgern stößt Mohammed zunächst auf Interesse. Die Händler Mekkas und die Wächter der Kaaba sehen in ihm eine Gefahr. Im Jahr 622 muss er ins Exil gehen und findet Zuflucht in Yathrib. Diese Zeit nennt man Hedschra („Auswanderung"). In der Stadt, die später den Namen Medina („Stadt des Propheten") trägt, wird Mohammed zum Ober- haupt der muslimischen Gemein- schaft. Als bewaffneter Prophet ruft er den Dschihad („Heiliger Krieg") gegen die Feinde Allahs aus. Im Jahr 630 unterwirft er Mekka und vereint die arabischen Stämme. Mohammed stirbt im Jahr 632.

Die Lehre des Islam

ch bezeuge, dass keine Gottheit ist außer Gott; ich bezeuge, dass Mohammed Diener und Gesandter Gottes ist." Dieses Glaubensbekenntnis geht allen Gebeten voran, die ein guter Muslim fünfmal am Tag betet. An jedem beliebigen Ort zieht er für das Gebet die Schuhe aus und beugt sich in Richtung Mekka.

Beim Gebet muss der Muslim rein sein. Daher führt er vorher die rituelle Waschung mit Wasser oder Sand durch.

Der Koran wird, wie im Arabischen üblich, von rechts nach links gelesen. Die Schrift im Koran mit den zahlreichen Arabesken brachte die Kunstform der Kalligrafie hervor.

Der Koran und seine Botschaft

Nach Mohammeds Tod sammeln seine Freunde und Familie seine Worte und fassen sie im Koran zusammen. Das Heilige Buch enthält die Botschaft Gottes und die Lehren des Propheten. Die um 650 in einer offiziellen Version zusammengestellten Texte bilden bis heute die Grundlage des Islam. Der Koran besteht aus 114 Kapiteln, den Suren, mit insgesamt 6666 Abschnitten oder Versen. Der Text ist auf Arabisch verfasst. Der Koran enthält drei Glaubensfundamente:
• Es gibt nur einen Gott, Allah, der nicht nur der Gott der Muslime,

Der arabische Kalender

Die islamische Zeitrechnung beginnt mit der Hedschra Mohammeds nach Medina, die nach der Überlieferung am 16. Juli 622 begann *(siehe S. 39)*. Das islamische Jahr orientiert sich am Mond. Zwölf Monate von abwechselnd 29 oder 30 Tagen sind ein Jahr von 354 oder 355 Tagen. Das Datum der Feste wie Neujahr ist jedes Jahr an einem anderen Tag. Mittels komplizierter Berechnungen werden die Tage festgelegt. Aus diesem Grund sind die muslimischen Gelehrten auch große Astronomen.

sondern der ganzen Menschheit ist. Gott, der Schöpfer alles Existierenden, ist unvergänglich, unerreichbar und einzig.
• Der Glaube an die Propheten: Im Lauf der Zeit sandte Gott Propheten wie Abraham oder Jesus. Der letzte Prophet ist Mohammed, dem er den Koran verkündigte, das Buch der seit Ewigkeit bestehenden, letzten Botschaft Gottes. Er enthält Gottes Wille und zeigt den Menschen einen Weg.
• Der Glaube an ein „Jüngstes Gericht": Die Menschen werden am Ende ihres Lebens nach ihren Handlungen gerichtet.

Im Islam sind Bilder Gottes verboten. Nur sein Wort und sein Name dürfen abgebildet werden.

Die fünf Pfeiler des Islam

Im Koran sind die für alle Muslime geltenden Regeln festgeschrieben. Die fünf wichtigsten Regeln sind die „fünf Pfeiler des Islam":

• Das Glaubensbekenntnis (Schahada), das der Gläubige bei jedem Gebet erneuert. Er beginnt immer mit den Worten: „Ich bezeuge, dass keine Gottheit ist außer Gott; ich bezeuge, dass Mohammed Diener und Gesandter Gottes ist."

• Die fünf täglichen Pflichtgebete (Salat). Der Muezzin ruft von seinem Turm an der Moschee die Gläubigen zum Gebet. Man betet auf arabisch mit bedecktem Kopf und beugt sich in Richtung Mekka.

• Der Fastenmonat Ramadan: Um Gott und den Armen näher zu sein, müssen die Erwachsenen von Sonnenauf- bis Sonnenuntergang auf Essen, Trinken, Rauchen und Geschlechtsverkehr verzichten.

• Almosen (Zakat) stärken das Gemeinschaftsgefühl unter den Gläubigen. Alle Muslime müssen einen bestimmten Anteil ihres jährlichen Einkommens spenden und dadurch die Ärmeren unterstützen.

• Pilgerfahrt nach Mekka (Hadsch), die jeder erwachsene Muslim (der gesund ist und die finanziellen Mittel hat) mindestens einmal in seinem Leben machen muss.

Hundert Namen!

Der Koran gibt Allah 99 Namen (der Erhabene, der Wirkliche usw.). Nur er allein kennt den 100. Namen. Beim Beten zählen die Muslime die Namen mit einem Rosenkranz mit 99 Perlen ab.

Der Einfluss des Islam

Vom Koran und seiner Auslegung leiten sich zahlreiche Regeln ab, die das Verhalten jedes Muslims bestimmen. Der Islam hat daher starken Einfluss auf den Menschen, sein Familienleben und sein Leben in der Gesellschaft. Mit besonderen Zeremonien werden die wichtigen Momente des Lebens gefeiert, es werden Verbote für bestimmte Nahrungsmittel (Schweinefleisch, Alkohol) ausgesprochen, Strafen für Vergehen und Verbrechen vorgeschrieben und die Rechte der Muslime bei Heirat, Scheidung und Erbschaft festgeschrieben. Die Religion erlaubt die Vielehe und erkennt die Gleichheit von Mann und Frau vor Gott an, doch wird den Männern rechtlich eine Überlegenheit eingeräumt.

Im zwölften Monat des Jahres strömen die Pilger nach Mekka. Sie reisen an den Ort der großen Offenbarung und erfahren dort eine Art Wiedergeburt, eine Erneuerung des Bündnisses mit Allah. Es ist die größte religiöse Versammlung auf der Welt.

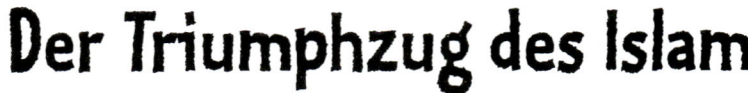

Der Triumphzug des Islam

Nichts scheint das Vorrücken der Eroberer aufhalten zu können, die ihre Fahnen mit Versen aus dem Koran schmücken. Die einzigen Waffen der Männer sind ihr Glauben und ihr Schwert. Auf dem Rücken von Meharis (Rennkamelen) oder Pferden stürzen sie sich wagemutig in die Schlacht.

Meist greifen die arabischen Reiter in mehreren Wellen überraschend an. Der anschließende schnelle Rückzug wird von einem Pfeilhagel gedeckt.

Überwältigende Eroberungen

Die arabischen Stämme werden von den reichen Ländereien ihrer Nachbarn angelockt und sind gewillt, den Islam durch einen Heiligen Krieg zu verbreiten. Die ersten Erfolge ihrer Eroberungszüge sind überwältigend. Im Osten nehmen die arabischen Truppen Persien ein, dringen weit nach Zentralasien vor, gelangen 713 an das Ufer des Indus (Indien) und rücken bis zu den Toren Chinas vor. Im Westen entreißen sie ab 636 Syrien, Palästina und Ägypten dem Byzantinischen Reich und besetzen Nordafrika gegen den erbitterten Widerstand der Berber. Ihr Eroberungszug führt die Araber nach Spanien, wo sie die Pyrenäen überqueren und bis nach Poitiers (Frankreich) gelangen. Dort werden sie im Jahr 732 von Karl Martell zurückgedrängt. Im 8. Jahrhundert reicht die muslimische Herrschaft von den Grenzen Chinas bis an den Atlantischen Ozean.

Das Byzantinische und das Persische Reich können den Eroberungszug der Araber nicht aufhalten. Beide unterschätzen den aufkommenden Islam. Die nur unzureichend befestigten Städte fallen rasch.

Ein Glaube: der Islam

Wie wird ein solches Weltreich regiert? An seiner Spitze steht ein Kalif, der den Titel „Beherrscher der Gläubigen" trägt. Er ist gleichzeitig politischer und religiöser Führer. Die ersten Kalifen sind Gefährten des Propheten und leben in Arabien. Die nachfolgenden Omaijaden-Kalifen, nach einem großen Stamm von Mekka benannt, wählen Damaskus zu ihrer Hauptstadt.

Warum Gibraltar?

Der Name Gibraltar leitet sich von *Djebel al-Tarik*, „Felsen des Tarik", ab. Der muslimische Feldherr Tarik Ibn Ziyad landete im Jahr 711 in der Nähe des Felsens und startete von dort aus die Eroberung Spaniens.

Der Emir vertritt den Kalifen in der Provinz: Er ist gleichzeitig religiöser und militärischer Führer, Steuereintreiber und Richter.

Nicht besonders ruhmreich!

Die 732 in Poitiers von Karl Martell, dem Großvater Karls des Großen, geschlagene Schlacht ist berühmt. Die arabischen Krieger kämpfen erfolglos gegen die fränkischen Panzerreiter an. Obwohl der Emir am Abend in der Schlacht getötet wird, steht kein eindeutiger Sieger fest. Als die Franken am nächsten Tag den Rückzug der Araber beobachten, rufen sie ihren Sieg aus. Doch Karl Martell lässt die Araber wohlweislich nicht verfolgen!

Zerfallende Einheit

Das Weltreich ist zu groß, als dass es ein einziger Kalif beherrschen könnte. Die weiten Entfernungen und die religiösen Auseinandersetzungen führen zum Zerfall der Einheit. Ab 910 entstehen zahlreiche, untereinander rivalisierende Kalifate. Die Sunniten bleiben der von Mohammed überlieferten Auslegung des Korans und dem Kalifen von Bagdad treu. Doch die Schiiten sind Anhänger von Ali, einem Cousin und Schwiegersohn Mohammeds. Sie gründen Kalifate in Tunesien und Ägypten. Spanien ist seit 756 unabhängig von Bagdad.

Der arabische Triumphzug wird auf See von der Flotte unterstützt, die 827 Sizilien und später Kreta, Sardinien und die Balearen angreift. Muslimische Piraten, die so genannten Barbaresken, organisieren Überfälle auf die Küsten der christlichen Länder.

Ihre Dynastie wird von den Abbasiden-Kalifen gestürzt, den Nachfahren von Abbas, einem Onkel Mohammeds. Sie lassen sich in Bagdad nieder und regieren bis 1258 *(siehe S. 178)*. Das riesige Reich ist in Provinzen unterteilt, die jeweils ein Emir (militärischer Befehlshaber) regiert. Im Lauf der Zeit übernehmen die Wesire (oberste Verwaltungsbeamte) die Regierungsgeschäfte an der Seite des Kalifen. Der gemeinsame Glaube, der Islam, eint das Reich. Er schreibt gemeinsame Lebensregeln vor und eine einheitliche Sprache: Arabisch. Juden und Christen, die nicht zum Islam übertreten wollen, können ihre Religion weiterhin ausüben. Sie heißen Dhimmis und müssen für ihre Duldung einen Tribut entrichten; die Religionsfreiheit wird jedoch immer wieder eingeschränkt.

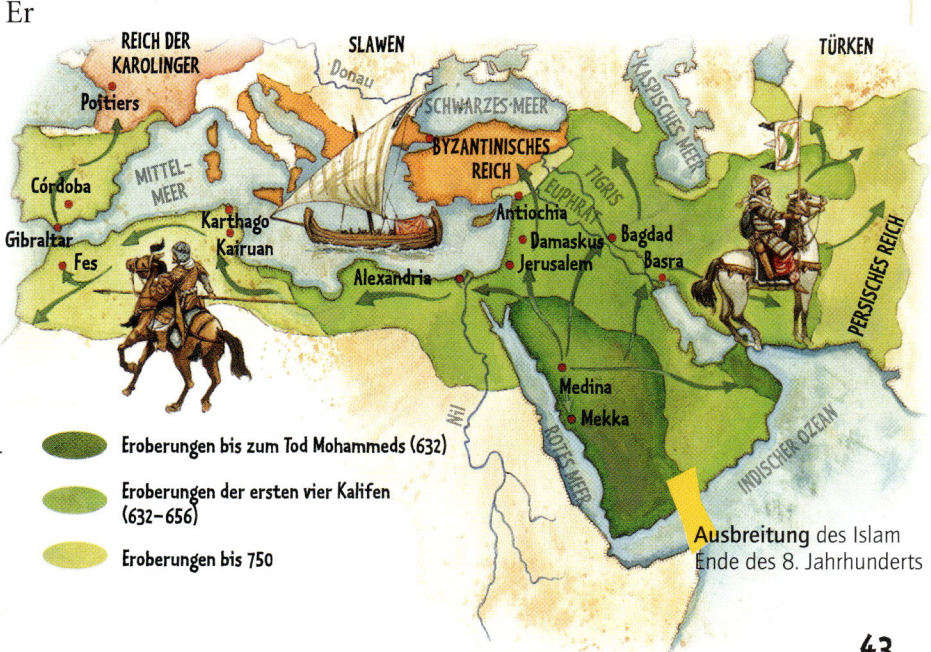

Eroberungen bis zum Tod Mohammeds (632)

Eroberungen der ersten vier Kalifen (632–656)

Eroberungen bis 750

Ausbreitung des Islam Ende des 8. Jahrhunderts

REICH DER KAROLINGER · SLAWEN · TÜRKEN · Donau · Poitiers · SCHWARZES MEER · KASPISCHES MEER · BYZANTINISCHES REICH · MITTELMEER · Córdoba · EUPHRAT · TIGRIS · Antiochia · Gibraltar · Karthago · Damaskus · Bagdad · Fes · Kairuan · Jerusalem · Basra · Alexandria · PERSISCHES REICH · NIL · Medina · Mekka · ROTES MEER · INDISCHER OZEAN

Die Moschee von Kairuan

Kairuan ist eine der vier heiligen Städte des Islam. Man sagt, dass sieben Besuche in Kairuan einer Pilgerfahrt nach Mekka entsprechen. Die Moschee wurde 836 erbaut und ist wie alle Moscheen ein Ort der Andacht und gleichzeitig der wichtigste Versammlungsplatz der Stadt.

❶

❷

Der Felsendom

Die Moschee wurde in Jerusalem in den 690er-Jahren von einem Omaijaden-Kalifen an der Stelle erbaut, von der aus Mohammed 619 seine Nachtreise zu Gott angetreten haben soll. Die Muslime verehren den von Mohammed zurückgelassenen Fußabdruck. Der Felsendom macht Jerusalem zur dritten heiligen Stadt des Islam neben Mekka und Medina.

Man nennt die Moschee von Kairuan wegen ihres strengen und wuchtigen Aussehens, ihrer befestigten Mauer und ihres mit Zinnen geschmückten Minaretts auch „Festung des Islam". Die Befestigungen stammen aus der Zeit ihrer Erbauung, als die Moschee noch gegen Stämme aus dem heutigen Tunesien verteidigt werden musste. Der Grundriss des Gebäudes erinnert an das erste muslimische

Heiligtum, das Mohammed und seine Glaubensbrüder in Medina errichteten und *Masdjid* (davon abgeleitet Moschee) nannten, was „Anbetungsort" heißt.
Die Aufteilung entspricht der aller Moscheen: Eine Mauer umgibt einen rechteckigen Innenhof und einen Betsaal. Das Minarett ist der höchste Punkt des Bauwerks ①. Von hier aus ruft der Muezzin die Gläubigen fünfmal am Tag zum Gebet.

Rein sein vor Allah
Nach dem Koran darf der Muslim nur im Zustand körperlicher und geistiger Reinheit beten. Er betritt die Moschee in angemessener Kleidung und geht über den großen Innenhof, in dem Brunnen und kleine Becken ② für die rituellen Waschungen stehen.

Ein großer Betsaal ③
Freitagmittag versammelt sich die muslimische Gemeinde im Betsaal

Feste in der Moschee

An den meisten Festtagen des islamischen Kalenders versammeln sich die Gläubigen zum Gebet in der Moschee. Mit dem islamischen Neujahr beginnt der Jahreslauf, in dem die großen Ereignisse im Leben des Propheten gefeiert werden: seine Geburt (Mevlid) und die Offenbarung (Ramadan, Fest des Fastenbrechens, Opferfest).

zur Predigt. Während des Gebets ruhen alle Arbeiten.

Mihrab ④ und Mimbar ⑤

Im Betsaal richten alle Gläubigen ihren Blick auf eine Nische, die in Richtung Mekka ausgerichtet ist: Es ist die Mihrab oder Gebetsnische. Rechts davon steht der Predigtstuhl (Mimbar), von dem aus der Imam vorbetet und predigt. In Kairuan erhebt sich über Mihrab und Mimbar eine schöne Kuppel und der Betsaal enthält so viele Säulen, dass einer Legende nach kein menschliches Auge sie zählen kann. Das Zählen sei sogar verboten, sonst werde man blind.

Üppige Ausstattung ⑥

Fliesen, Malereien und Skulpturen in reicher Ornamentik schmücken das Innere. Als Motive sind jedoch nur die Verse des Korans erlaubt, da die Religion bildliche Darstellungen von Allah verbietet.

In der Schule der Moschee ⑦

Im Säulengang sind häufig Koranschulen untergebracht. Hier lernen die Kinder mit dem Koran lesen und schreiben.

Arabische Bauern

H itze, Mangel an fruchtbarer Erde und einfachste Arbeitsgeräte erschweren den Bauern das Leben und den Ackerbau. Doch das Wasser verwandelt Oasen in üppige Obstgärten, weite Ebenen in Getreidefelder und Gärten in zauberhafte Paradiese mit zuckersüßen Früchten.

Ein kleines Paradies

Im Arabischen gibt es nur ein Wort für Garten und Paradies – *djanna* –, weil die Gärten mit ihrer Schönheit, Üppigkeit und ihren verlockende Düften wahre Paradiese sind!

Bauern bei der Arbeit

80 % der Bevölkerung der muslimischen Welt betreibt Ackerbau. Bewässerung ist die Grundlage der Feldarbeit. Mit zahlreichen Hilfsarbeitern und Sklaven werden die Felder bestellt. Die Bauern, Fellachen genannt, sind für die Versorgung der Städte und der Armeen mit Nahrungsmitteln zuständig. Doch sie werden von den Stadtbewohnern verachtet, weil sie des Arabischen nicht mächtig sind und die Sitten der Städte nicht kennen.

Lebensquell Wasser

Dank eines ausgeklügelten Bewässerungssystems gelangt das Wasser bis in die letzten Ecken der Felder. Das Wasser wird mit einem Hebelbaum (Schaduf) oder einem Wasserrad (Noria) aus den Wasserläufen geschöpft. Es wird von Staudämmen zurückgehalten und in Zisternen gespeichert. Aquädukte und ein Netz aus unter- und oberirdischen Kanälen leiten das Wasser auf die Felder. Ohne dieses System hätten die großen Huertas im Süden Spaniens kaum Ertrag gebracht. Und ohne Bewässerung wäre die muslimische Welt häufig von Hungersnöten geplagt worden.

Neuheiten

Die Bauern pflanzen und verbreiten in großer Zahl Pflanzen aus den Ländern an der Ostgrenze des Reiches, die seit langem im Fernen Osten bekannt sind. In Ägypten wird Reis angebaut, aus dessen Körnern und Stroh man Matten und Körbe machen kann. Aus Indien kommen Zuckerrohr und Baumwolle und aus China stammt der Maulbeerbaum, der für die Aufzucht der Seidenraupen benötigt wird. Über Arabien gelangen die neuen Pflanzen auch nach Europa.

Kulturpflanzen im Mittelmeerraum

Gerste und Weizen benötigen wie die anderen Pflanzen nur wenig Wasser und gehören zu den Grundnahrungsmitteln der Region. Weinreben sind trotz des Alkoholverbots im Koran weit verbreitet. Die Trauben werden als frische oder getrocknete Früchte verzehrt. Der Olivenbaum wird wegen des Olivenöls angebaut.

Viehzucht

Mit großen Schaf- und Ziegenherden legen die als Nomaden lebenden Viehbauern auf der Suche nach Weideplätzen große Entfernungen zurück. Die Bauern in den Dörfern halten Geflügel als Nahrungsergänzung und Brieftauben für die Verwaltung und die Armee.

Im Schatten der Gärten

Es werden viele Gärten angelegt, in denen die Kulturen in Terrassen oder kleinen Parzellen wachsen. Auch hier muss alles bewässert werden. In den Gärten stehen Dattelpalmen oder Obstbäume (die bis dahin im Abendland unbekannten Pfirsiche und Aprikosen sowie Zitronen, Orangen, Birnen und Granatäpfel). In ihrem Schatten wird Gemüse angebaut (Bohnen, Brechbohnen, Erbsen, Linsen und Gurken) oder es wachsen Blumen mit zarten Düften (Rosen, Veilchen und Jasmin). Auf dem Bild ist das Pflücken der Rosen dargestellt.

Das Stadtleben

Der junge Ali will der drückenden Hitze eines Sommertages im Jahr 1000 in Bagdad entfliehen. Er beschließt daher, die Stadt zu verlassen und im kühlen Schatten der Baumalleen vor den Toren spazieren zu gehen. Doch der Weg zu den Stadttoren ist mühsam, da die Straßen und Gassen überfüllt sind.

Bagdad wurde am Ufer des Tigris von hunderttausend Arbeitern erbaut. Die Stadt ist als Kreis angelegt und wird von einer dicken Ringmauer mit Wassergraben geschützt. Nach einigen Jahrhunderten passen die eine Million Einwohner nicht mehr in den Stadtring. Daraufhin entstehen am anderen Flussufer zahlreiche Vororte. Heute ist von der 762 gegründeten Hauptstadt nichts mehr zu sehen.

In den Straßen drängen sich Handwerker, Wasserträger, Schwarzhändler und Lumpensammler neben Märchenerzählern, Schwertschluckern, Tiervorführern und Schaukämpfern.

Die größten Städte dieser Zeit

Bagdad, die Hauptstadt des Reiches der Abbasiden, zählt im Jahr 1000 eine Million Einwohner. Selbst Kairo, Córdoba und Damaskus haben weniger Einwohner. In der islamischen Welt ist die Hauptstadt Dreh- und Angelpunkt, da sich hier eine neue Kultur entwickelt. Jede Stadt regiert über das sie umgebende Land und beherbergt zu diesem Zweck den Sitz der Politik und der Verwaltung. Dabei ist es unerheblich, ob es sich um alte Städte handelt, die aus Militärlagern der arabischen Eroberer entstanden wie Kairuan oder Fes, oder ob die Städte nach dem Vorbild Bagdads neu gegründet wurden.

Moschee und Palast

Im Zentrum der Stadt erheben sich die große Moschee und der Palast. Sie bilden den Mittelpunkt des Stadtlebens. An die Moschee sind Koranschulen, Madrasas (Orte des Lernens) und Buden von Kopisten und Pergamenthändlern angegliedert. Im Palast wohnen der Kalif, der Gouverneur der Provinz oder ihre Vertreter. In der Nähe des Palasts befinden sich die Unterkünfte der militärischen Befehlshaber und der

Truppen sowie die prachtvollen Häuser der Würdenträger der Stadt. In Bagdad führen vier Straßen rechtwinklig vom Zentrum aus zu den Toren. Sie durchziehen die Stadt von einem Ende zum anderen und unterteilen sie in mehrere Viertel. In jedem Viertel gibt es die üblichen öffentlichen Badeanstalten, kleine Moscheen für das tägliche Gebet und einfache, mehrstöckige Häuser. Die Wohnsitze der begüterten Städter verfügen über einen Innenhof und einen blühenden Garten, in dem kleine Brunnen plätschern. Alle Fenster sind mit kunstvoll gedrechselten Holzgittern versehen, sodass die Frauen von innen auf die Straße schauen können, ohne von draußen gesehen zu werden.

Lärmendes Treiben auf dem Souk

Der Markt (Souk) liegt in einem Gewirr von Straßen. Häufig ist er überdacht. Die Stände der Handwerker und Händler sind nach Berufen geordnet, die Waren werden vor Ort hergestellt und verkauft. Waffen, Stoffe, Schmuck, Gewürze usw. werden angeboten. Der Muhtasib ist eine Art Polizist, der das Markttreiben und die Händler überwacht. Am Rand des Marktes sind die Berufe untergebracht, die

unangenehme Gerüche verbreiten, wie Färber, Gerber, Sattler oder Weinhändler. Von der Stadtmauer aus sieht man weitere Märkte vor den Toren. Dort verkaufen Bauern jeden Tag ihr Obst und Gemüse. Aufgrund des Zustroms neuer Menschen platzen die Städte bereits aus allen Nähten. Neue Wohnviertel entstehen außerhalb der Stadtmauern, die später durch eine neue Mauer geschützt werden.

Im Hammam

Fast täglich besuchen die Menschen die öffentlichen Bäder, da die Reinheit des Körpers, und damit auch des Geistes, vom Koran vorgeschrieben wird. Nach Geschlechtern getrennt gibt es im Hammam mehrere gekachelte Räume, in denen das warme und kalte Bad sowie das Dampfbad untergebracht sind. Während man sich von Masseuren und Friseuren verwöhnen lässt, tauscht man den neuesten Klatsch aus.

Im Hammam fließt das Wasser für die Bäder zunächst in einen Heizkessel im Untergeschoss und wird anschließend verteilt.

Der Handel blüht auf den Souks. Hier findet man dicht nebeneinander Schmuck, Heilkräuter, Fleisch, Brot usw.

Ein Kalif aus tausendundeiner Nacht

Harun al-Raschid steht für alles, was man mit der Märchenwelt des Orients verbindet. Er lebt in einem pompösen Palast inmitten seiner Frauen, seiner Sklaven und seiner Musiker. Von Bagdad aus regiert er ein Reich, das von Indien bis nach Spanien reicht. Sein Ruhm kommt sogar Karl dem Großen in Aachen zu Ohren.

Goldenes Zeitalter

Die Regierung von Harun al-Raschid ist vor allem geprägt vom Prunk seiner Hauptstadt, vom Glanz seines Palastes und von der hoch stehenden Kultur, die zu dieser Zeit ihre Blüte erreicht. In Bagdad kommen in jener Epoche alle Reichtümer der muslimischen Welt zusammen. Der Kalifenpalast ist, wie man sagt, mit 22 000 Teppichen ausgekleidet und in den Ställen stehen 9000 Pferde, Maultiere und Dromedare. Die gelehrtesten Männer betreiben Forschungen auf allen Wissensgebieten. Musiker, Märchenerzähler und Dichter rühmen den Herrscher. Der Handel blüht: Die Händler ziehen durch die Wüsten, befahren die Meere der bekannten Welt und handeln mit einer Vielzahl von Waren.

Der Kalif und der Kaiser

Der Ruf Harun al-Raschids reicht weit über die Grenzen seines Reiches hinaus. Aus politischen Gründen knüpft er freundschaftliche Bande mit Karl dem Großen, dem großen Kaiser des Abendlandes, der ebenfalls auf der Höhe seiner Macht steht. Sie tauschen Botschafter aus und machen sich gegenseitig Geschenke. Karl der Große erhält im Jahr 802 einen Elefanten namens Abul Abaz, ein Schachbrett aus Elfenbein und eine prachtvolle Wasseruhr. Die Gesandten des Kalifen werden mit großen Ehren empfangen und bleiben mehrere Monate am Hof. An Ostern bittet man sie sogar an den Tisch des Kaisers. Doch die „Dinge, die sie sehen, verderben ihnen den Appetit", so wird berichtet.

Märchen aus tausendundeiner Nacht

Der Ruhm des Kalifen ist so groß, dass die Märchenerzähler ihn im Hauptwerk der volkstümlichen arabischen Literatur verewigen. Die *Märchen aus tausendundeiner Nacht* werden vom 8. bis zum 18. Jahrhundert verfasst. Die Geschichte berichtet, wie ein König aus Persien aus Rache an seiner untreuen Ehefrau beschließt, jeden Abend ein junges Mädchen zu heiraten, das er am nächsten Morgen töten lässt. Scheherazade, die Tochter des Wesirs, opfert sich für die jungen Mädchen des Reiches. In ihrer Hochzeitsnacht beginnt sie dem Herrscher eine Geschichte zu erzählen, die beim Morgengrauen noch nicht beendet ist. Der König will sie jedoch weiter hören und vertagt die Hinrichtung. Scheherazade hält den König tausendundeine Nacht lang mit Märchen von Ali Baba und den vierzig Räubern, Sindbad dem Seefahrer und Aladin oder von Harun al-Raschid und seinem Hof in Atem und rettet so ihr eigenes Leben.

„Der Rechtgeleitete"

Harun al-Raschid wird 786 im Alter von 20 Jahren fünfter Kalif der Dynastie der Abbasiden. Nach seiner Thronbesteigung übergibt er die Regierungsgeschäfte an Yahya, dem Mitglied einer hoch angesehenen Familie, die dem Herrscher schon seit langem dient. Doch nur eine gewisse Zeit geht dies gut: Im Jahr 803 kommt es zum Streit zwischen Harun und seinem Minister und er lässt ihn töten. Mit seinen neuen Beratern muss der Kalif Aufstände im ganzen Land unter Kontrolle halten: Es gibt Unruhen in Syrien, in Ägypten, im Jemen, in Nordafrika und im Osten, wo er auf einem Feldzug im Jahr 809 stirbt.

Das arabische Wunder

In den Bibliotheken beugen sich Gelehrte über Handschriften; neue Theorien sind im Umlauf, die weiterentwickelt werden müssen. In den Observatorien beobachten die Astronomen den Himmel, während die Künstler Paläste und Moscheen ausschmücken. In den Städten herrscht Aufbruchstimmung. Viele geniale Ideen mehren den Ruhm des Islam. Es ist das arabische Wunder!

Übersetzer bei der Arbeit

Dank der Arbeit der Übersetzer machen die Wissenschaften große Fortschritte. Die arabischen Übersetzungen der griechischen und römischen Autoren und der Werke der indischen und chinesischen Gelehrten mehren das Wissen der Araber. Das Mammutunternehmen wird von den Kalifen gefördert. Sie gründen Wissenszentren wie das „Haus der Weisheit" in Bagdad und das „Haus der Wissenschaft" in Kairo, wo in Bibliotheken tausende von Handschriften gesammelt werden. Dank dieses großartigen Erbes gelingen den arabischen Gelehrten zum Beispiel wichtige Fortschritte in der Mathematik.

Die Erfindung des Krankenhauses

Als Ort der Behandlung und des Unterrichts wird das erste Krankenhaus im 8. Jahrhundert in Bagdad geöffnet. Es bildet viele Ärzte aus, die die Chirurgie weit voranbringen. Die Chirurgen führen sogar schwierige Operationen durch und betäuben die Kranken hierfür mit Drogen. Sie können den Blinddarm entfernen, Kaiserschnitte machen, Arterien unterbinden, um Blutungen zu stoppen, Knochenbrüche einrenken usw. Der *Canon medicinae* von Ibn Sina (im Abendland Avicenna genannt) aus dem 10. Jahrhundert ist lange Zeit Grundlage jeder medizinischen Ausbildung im Orient wie im Okzident.

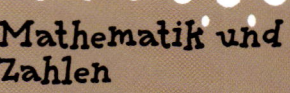

Mathematik und Zahlen

Die arabischen Gelehrten entwickeln die Geometrie, begründen die Algebra und führen die Null ein. Unsere heutigen Zahlen heißen „arabische" Ziffern, doch eigentlich sind sie indischen Ursprungs. Das Wort Ziffer stammt von arabisch *sifr* ab.

Verschwenderische Fülle

Festungen, Paläste und Moscheen aus Stein oder
Ziegeln werden erbaut. In der Architektur gibt es
zwar einige von benachbarten Völkern entliehene
Elemente (wie die Kuppel aus Byzanz), dennoch
bildet sie eine eigenständige Kunstform, in der
Verzierungen eine große Rolle spielen. Miteinander
verwobene Buchstaben, geschlungene Linien und
Blätterranken, so genannte Arabesken,
schmücken die Gebäude.

Meisterwerke der Literatur

Die meisten literarischen Werke befassen sich mit
der Geschichte, mit Kommentaren zum Koran oder
sind Reiseberichte wie der von Ibn Battuta aus
dem 14. Jahrhundert. Märchen und Gedichte sind
an den Fürstenhöfen sehr beliebt. Überliefert
werden die Werke in Handschriften, die mit
farbigen Bildern, den so genannten Miniaturen,
reich verziert sind.

Himmelsbeobachtungen

Die Astronomie genießt hohes
Ansehen, da dank ihrer Hilfe
bestimmt wird, in welcher
Richtung Mekka liegt, wann
die Stunden der Gebete sind
und wann der Ramadan
beginnt. Die Gelehrten der
Astronomie stellen eine
beträchtliche Anzahl von
Messungen und Berechnungen
in den großen Observatorien
von Samarkand, Damaskus,
Córdoba und Bagdad an. Sie
benutzen Geräte wie das
Astrolabium, mit dessen Hilfe
man die Höhe eines Sterns
über dem Horizont messen
kann.

Märchenhafte Alhambra

D ie letzte Bastion der Mauren in einem von Christen zurückeroberten Spanien beherbergt ein Schmuckstück orientalischer Kunst. Oberhalb der Stadt Granada erhebt sich ein Hügel mit einer uneinnehmbaren Mauer, hinter der in einem Gewirr von Gebäuden das Schönste liegt, was die islamische Architektur hervorbrachte: der Palast der Alhambra, auch „die rote Festung" genannt. Sie ist die Residenz des Sultans.

Die Feinde rücken weiter in den Süden Spaniens vor, doch das Königreich von Granada trotzt als kleine maurische Hochburg inmitten christlicher Länder und erlebt im 14. Jahrhundert seine höchste Blüte. Der ein Jahrhundert zuvor von Mohammed I. Al-Ahmar gegründete Ort zieht eine Vielzahl von Dichtern, Schreibern, Gelehrten und Künstlern an. Im Reich leben 50 000 Ein-wohner, vor allem Mauren und Juden. Der erste Sultan beginnt die Bebauung des Hügels; er lässt ein Aquädukt anlegen (das Wasser auf den Hügel leiten soll) sowie eine Ringmauer, die mit 23 Türmen befestigt ist. Im Innern befindet sich die königliche Stadt mit einer Münzstätte, Kasernen, Bädern und der großen Moschee. Die nachfol-genden Herrscher erweitern den Bau unter Berücksichtigung des heißen Klimas Andalusiens. Zwischen 1334 und 1391 bauen Jussuf I. und Mohammed V. jeweils einen Gebäudeteil im gleichen Stil: Sie legen Innenhöfe (Patios) an, in denen Brunnen für Abkühlung sorgen; überdachte Gänge und Arkaden schützen vor der Sonne und führen in großzügige Empfangs-räume, während die Wohnräume

Löwenhof

typisch orientalische Fenstergitter

Säulen (Detail)

Wandschmuck

Der Generalife

An besonders heißen Tagen erholt sich der Sultan in der Kühle seiner Sommerresidenz, dem Generalife, der von Grazie und Eleganz durchdrungen ist. In seiner Mitte ist ein Kanal angelegt, der von blühenden Rabatten umgeben und mit Springbrunnen geschmückt ist. Wenn die Brunnen still stehen, verwandelt sich der Kanal in eine spiegelnde Fläche und der ganze Garten scheint zu ruhen.

in den oberen Stockwerken untergebracht sind. Um in den Thronsaal zu gelangen, in dem der Sultan unter einer aus Zedernholz geschnitzten Kuppel Audienz hält, überqueren die Würdenträger den Myrtenhof, in dem duftende Pflanzen (Jasmin, Rosen, Myrten und Geißblatt) ein langes Zierbecken umgeben. Der Sultan liebt die Stille des Löwenhofs, wo er sein Privatreich hat. In

der Mitte des Hofs steht ein Kreis von zwölf Marmorlöwen, die eine Brunnenschale tragen, aus der Wasser sprudelt. Das Wasser wird über Rinnen weitergeleitet; es fließt unter fein ziselierten Arkadenbögen hindurch, die das Sonnenlicht abfangen, und gelangt bis in die Wohnräume. Es sorgt in den reich ausgeschmückten Sälen für angenehme Kühle. Die farbi-

gen Fliesen, die mit Arabesken verzierten Friese und die kunstvollen Stuckarbeiten lassen uns in eine Märchenwelt eintauchen!

Arabische Händler

Auf den Kais im Hafen von Basra (im heutigen Irak) herrscht rege Betriebsamkeit. Unzählige Männer sind mit dem Entladen von Seidenballen aus China, Baumstämmen aus Indien, Körben voller Gewürze oder Beuteln voller Edelsteine beschäftigt. Die Händler feilschen hart um den Preis der Waren und ziehen anschließend los, um sie in allen Ecken des Reiches zu verkaufen.

Venedig

MITTELMEER

Toledo

Córdoba

Granada

Tunis

Kairuan

Tanger

Fes

Tripo

ATLANTISCHER OZEAN

Wenn man an Luxuswaren aus dem Fernen Osten Interesse hat, kann man die islamischen Händler kaum umgehen, denn sie kontrollieren den Handel mit diesen Gütern. In Konstantinopel verkaufen sie ihre begehrten Waren. Aus Indien bringen sie Baumwollstoffe, Parfüm, Holz und Edelsteine. Sie fahren sogar bis nach Indonesien, wo sie Gewürze (Pfeffer, Muskat, Zimt) besorgen, die man im Abendland für viel Geld verkaufen kann.

Knappe Rohstoffe wie Holz, Gold oder Zinn werden aus Europa oder Afrika importiert. Von dort kommen auch die Sklaven (Schwarze und Weiße), die ebenfalls gehandelt werden. Die Waren der muslimischen Handwerker genießen im ganzen Reich hohes Ansehen. Sehr gefragt sind Lederwaren aus Córdoba, Musselin (ein leichter Seidenstoff aus Mossul), Waffen aus Damaskus mit messerscharfen Klingen und fein gearbeiteten

Griffen oder Teppiche aus Samarkand oder Buchara. In den großen Handelsniederlassungen (*Fondouks*) der Städte und Häfen tauschen arabische und ausländische Händler (Juden, Armenier, Italiener oder Inder) ihre Waren aus. Die Güter werden mit komplizierten Berechnungen gewogen und vermessen, denn Maße und Gewichte sind noch nicht vereinheitlicht. Die Händler ziehen in Karawanen über die

Dromedare
Pferde
Sklaven
Zuckerrohr
Baumwolle
Gold
Silber
Reis
Datteln
Getreide
Häute, Leder
Zinn, Kupfer
Edelsteine
Papier
Elfenbein
Porzellan
Seide
Papyrus
Salz
Bernstein
Oliven
Stoffe
Gewürze

Donau
SCHWARZES MEER
KASPISCHES MEER
Itil
Konstantinopel
Samarkand
Buchara
Mossul
Euphrat
Tigris
Damaskus
Bagdad
Jerusalem
Alexandria
Basra
Assuan
PERSISCHER GOLF
Medina
Mekka
ROTES MEER
Nil
INDISCHER OZEAN
Aden

Schecks willkommen!

Der Warenaustausch wird durch die Bezahlung mit Silberdirhams oder Golddinaren vereinfacht, die von Geldwechslern, die es in allen Städten gibt, eingetauscht werden. Der von den arabischen Händlern erfundene Scheck (von arabisch *shakk*) verringert das Diebstahl- und Verlustrisiko.

zahlreichen Pisten der Wüsten oder bewegen sich auf der Seidenstraße, die den Vorderen Orient mit China verbindet. Sie tragen zur Verbreitung der chinesischen Erfindungen wie Papier bei, dessen Herstellung im 9. Jahrhundert entwickelt wird. Ihre Tiere, die Dromedare und Kamele, legen mit einer Last von 100 bis 150 kg täglich 50 km zurück. Aus Angst vor Überfällen tragen die Händler immer Waffen bei sich. Abends suchen sie Zuflucht in den Karawansereien, wo sie ein Bett und Essen bekommen können. Der Warentransport über das Meer ist günstiger, doch hier droht Gefahr von den Piraten. Karacken und Galeeren mit bauchigem Rumpf fahren entlang der Küsten des Mittelmeers, des Roten Meers und im Persischen Golf, während im Indischen Ozean arabische Frachtsegler aus Teak- oder Kokosholz vor- herrschen. Erfahrene Seefahrer nutzen die Monsunwinde und bestimmen ihre Position mit dem Astrolabium und dem aus China eingeführten Kompass.

Die Karolinger

Er heißt Karl und kann vermutlich hart zuschlagen, denn sein Spitzname ist *Martell* (altfranzösisch *marteau*, „Hammer"). Der um 688 geborene Karl Martell begründet eine große Familie von Königen: die Karolinger (nach *Carolus*, lateinisch für Karl). Sein Enkel Karl der Große wird im Jahr 800 zum Kaiser gekrönt und herrscht über ein Reich, das ganz Westeuropa umfasst. Mit der karolingischen Epoche, die mit den letzten Nachfahren von Karl dem Großen um das Jahr 1000 endet, beginnt ein neuer Abschnitt in der Geschichte des Abendlandes: Das Christentum verbreitet sich in Europa und die mittelalterliche Gesellschaft nimmt Gestalt an.

Die Bildung des Reiches

Nun tauchte der eiserne Riese auf. Er trug einen Eisenhelm auf dem Kopf, Brust und Schultern waren mit einem Eisenharnisch bedeckt. In seiner linken Hand schwang er eine Eisenlanze und seine rechte Hand lag auf dem Eisen seines unbesiegbaren Schwertes."

Größe und Macht

Der eiserne Riese ist Karl der Große, der 773 in Pavia (Italien) einmarschiert. Das Schauspiel soll so beeindruckend gewesen sein, dass Desiderius, der König der Langobarden, ohnmächtig wurde. So beschreibt es zumindest der Mönch Notker, der manchmal wohl etwas übertreibt. Doch Karl der Große ist in jeder Hinsicht ein beeindruckender Mann. Im Jahr 768 erbt er von seinem Vater, Pippin dem Jüngeren, das Reich Austrien. Drei Jahre später herrscht er nach dem Tod seines Bruders Karlmann über ein riesiges Reich.

Seine Vorväter, die Wegbereiter

Im Jahr 687 ist sein Urgroßvater, Pippin der Mittlere, gleichzeitig Hausmeier von Austrien und Neustrien. Er verbündet sich eng mit dem Adel, denn die reichen Familien besitzen große Ländereien, Macht und Armeen.

Erbe Karls des Großen

Eroberungen Karls des Großen

Die Krönung Karls des Großen

Am 25. Dezember 800 setzt Papst Leo III. in der Peterskirche in Rom die Kaiserkrone auf das Haupt Karls des Großen. Er macht ihn damit zum Oberhaupt eines geeinten, christlichen Reiches. Seit dem Untergang des Römischen Reiches im Jahr 476 war der Kaisertitel keinem Herrscher des Abendlandes mehr verliehen worden.

Mit ihrer Unterstützung kämpft Karl Martell, der Großvater Karls des Großen, an den Grenzen im Nordosten. Im Jahr 732 zieht er nach Poitiers, besiegt dort die aus Spanien vordringenden Araber und nimmt Aquitanien ein. Später erobert er Burgund, die Provence, Alamannien und Bayern. Sein Sohn Pippin der Kurze führt das begonnene Werk fort. Er setzt eine gut funktionierende Verwaltung ein und wird zum Hauptverbündeten des Papstes.

Von Spanien kommend wird die karolingische Armee bei Roncesvalles im Jahr 778 von den Basken angegriffen. Graf Roland, der mit der Nachhut in einen Hinterhalt gerät, weigert sich in den Olifant *(siehe oben)* zu blasen und Hilfe zu holen; mit seinem Schwert Durendal kämpft er bis zum letzten Atemzug.

Im Jahr 774 übernimmt Karl der Große die Krone und den Titel des Königs der Langobarden.

Karl der Große, der Eroberer

Kurz nach seiner Thronbesteigung zieht Karl der Große in den Krieg gegen die Langobarden, die dem Papst in Rom seine Besitztümer streitig machen wollen. Zwischen 768, dem Beginn seiner Herrschaft, und 800, dem Datum seiner Krönung zum Kaiser, führt er 31 Kriegszüge an. Die Schlachten in Pannonien gegen die Awaren sind sehr blutig, doch die erbarmungslosesten werden gegen die heidnischen Sachsen geführt. Nach Jahren unerbittlicher Kämpfe ergibt sich der sächsische Anführer

Ein sagenhafter Schatz

In Pannonien liegt der Ring der Awaren. Das ist eine ringförmige Festung, in der die als Nomaden lebenden Reiter, die Nachkommen der Hunnen, die Schätze aus ihren Plünderungen lagern. Drei Kriegszüge (791, 795 und 796) sind nötig, bis die karolingische Armee die Awaren unterworfen hat. Der Schatz der Awaren füllt 15 Wagen, die von jeweils vier Ochsen gezogen werden.

Widukind 785 und nimmt den christlichen Glauben an. Viele Sachsen werden nach Westen verschleppt, während sich fränkische Siedler in den eroberten Gebieten niederlassen.

Eine unbesiegbare Armee

Außer der Bretagne und dem maurischen Spanien scheint nichts den karolingischen Waffen widerstehen zu können. Jedes Jahr stehen Karl dem Großen ungefähr 100 000 Mann zur Verfügung. Unter ihnen sind 30 000 Reiter, die die Elite des Heers bilden. Die Reiter gehören dem Adel an und müssen reich sein, um sich die Pferde und Waffen leisten zu können.

Die karolingischen Soldaten tragen einen Schuppenpanzer; das ist ein mit Eisenplättchen verstärktes Lederwams. Die Reiter sind mit Steigbügeln dargestellt. Diese Erfindung wurde von den Awaren übernommen.

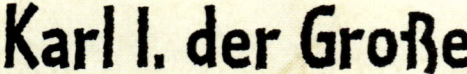

Karl I. der Große

Karl der Große ist sehr sportlich. Er kann ausgezeichnet schwimmen und reiten. Sein Körper ist so wohl proportioniert, sagt sein Freund Einhard, dass man seinen „kräftigen und zu kurzen Hals, seinen dicken Bauch..." kaum bemerkt.

Voller Lebenskraft

Der große, etwas untersetzte Mann wird niemals müde. Nach einem ganztätigen Ritt sitzt er noch lange über seinen Unterlagen. Er ist vorausschauend und trifft schnelle Entscheidungen. Einhard berichtet, dass er viel und sehr laut spricht und nicht gerne allein ist. Man erzählt, dass er sehr an seinen Töchtern hängt und sie auch aus politischen Gründen am liebsten nicht verheiraten will. Seine Schwiegersöhne könnten ein Komplott gegen ihn anzetteln!

Auf diesem Gemälde von Dürer aus dem 16. Jahrhundert trägt Karl der Große ein aus Goldfäden gewirktes Gewand, das für besondere Festtage gedacht war.

Während seiner Regierungszeit unterschreibt Karl der Große zahlreiche Berichte. Die Buchstaben seiner Unterschrift ergeben das Wort KAROLUS.

Ein zweisprachiger Kaiser

Karl der Große wird im Rheingebiet geboren und spricht Fränkisch, eine germanische Sprache. Er beherrscht aber auch die *lingua romana*, die im Westen gesprochen wird und aus der das Französische hervorgeht. Die meisten Offiziere und Beamten in seinem Umfeld sprechen beide Sprachen, damit sie im ganzen Reich verstanden werden. Die Texte der Verwaltung und der Kirche werden von den Hofschreibern auf Lateinisch verfasst und vom Kaiser unterzeichnet.

Ein großer Organisator

Wie verwaltet man ein Reich, das von der Donau bis an den Atlantischen Ozean reicht? Der geniale Karl der Große umgibt sich mit urteilsfähigen Beamten und unterteilt sein Reich in 350 Grafschaften. Jede Grafschaft wird von einem Grafen regiert, der aus dem Hochadel stammt. Er richtet, setzt die Gesetze durch und unterhält eine Armee. Der Kaiser bezahlt ihn, indem er ihm sozusagen leihweise Ländereien überlässt, deren Erträge dem Grafen zustehen. In den gerade erst eroberten Regionen wie Aquitanien oder Sachsen setzt Karl der Große seine Vasallen ein. Diese Männer haben ihm die Treue geschworen. Sie sind nicht so mächtig wie die Grafen, sind jedoch bereit für ihn zu kämpfen und die Vertreter des dortigen Adels im Auge zu behalten. Im Gegenzug stehen sie unter dem persönlichen Schutz des Kaisers und erhalten Ländereien.

Karl der Große wird mit diesem Schmuckstück beigesetzt, in dem eine Reliquie (Überrest) des Kreuzes Christi eingeschlossen ist. Im Jahr 1000 lässt der deutsche Kaiser Otto III. die Grabstätte öffnen, um es an sich zu nehmen.

Geboren um 742 stirbt Karl der Große 814 nach 46-jähriger Herrschaft. Sein einbalsamierter Körper wird in einem Marmorsarkophag in der Pfalzkapelle in Aachen beigesetzt.

Die Königsboten

Die Grafen vergessen manchmal, dass sie nur die Stellvertreter des Kaisers sind und versuchen ihre eigenen Interessen bei den Regierungsgeschäften durchzusetzen. Karl der Große weiß dies und läßt sie durch Königsboten, die so genannten *missi dominici*, ständig kontrollieren. Die politischen Herren, deren Aufträge sie in das gesamte Reich führen, sind fast immer Geistliche und persönliche Freunde von Karl dem Großen wie Einhard, der das Leben des Kaisers um 825 niederschreibt, oder Leidradus, der Bibliothekar der Palastschule von Aachen und spätere Bischof von Lyon.

Die Gemahlinnen

Nach Desiderata, der Tochter des Königs der Langobarden, die er 771 verstößt, heiratet Karl der Große Hildegard, die Tochter des schwäbischen Grafen, mit der er neun Kinder hat. Sie stirbt im Alter von 24 Jahren. Ihr folgt die Fränkin Fastrada und nach deren Tod 794 die Alamannin Luitgard. Außerdem hat er noch etwa sechs Nebenfrauen, die er nach fränkischer Tradition ohne Zeremonie (Friedelehe) heiratet.

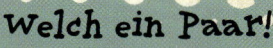

Welch ein Paar!

Die Mutter Karls des Großen hieß Bertrada, genannt „Berta mit dem großen Fuß", während sein Vater Pippin der Jüngere auch „der Kurze" genannt wurde. Vermutlich erbte Karl der Große von seiner Mutter die große Statur: Sein Skelett lässt auf eine Größe von 1,92 m schließen!

Die Pfalz in Aachen

Karl der Große hat Wohnsitze, so genannte Pfalzen, in Worms, Diedenhofen und Herstal, doch in Aachen lässt er seinen Hauptwohnsitz errichten. Die Überwachung der Bauarbeiten vertraut er seinem Freund Einhard und dem Baumeister Odo von Metz an. Die Pfalz, die ab 794 in Aachen gebaut wird, ist eines großen christlichen Königs würdig.

Wenn es Zeit für ein Bad ist, begibt man sich in das Schwimmbad ① im Südosten, das leicht zu heizen ist. Karl der Große, ein begeisterter Schwimmer, entscheidet sich nicht zuletzt wegen der heißen Quellen ②, die dort sprudeln, für Aachen als Wohnsitz. Durch das Eingangstor ③ betritt man die Pfalz. Im angeschlossenen Torbau sind Offiziere und Wachen untergebracht ④. Im ersten Stock befindet sich die Kurie ⑤, das königliche Pfalzgericht, wo der Kaiser Recht spricht. Südlich davon liegt die achteckige Pfalzkapelle ⑥, deren Kuppel mit Mosaiken ausgekleidet ist. Zu beiden Seiten ist eine Basilika angeschlossen ⑦; sie ist der Sitz des geistlichen Oberhauptes der Kapelle, des Kapellans, der die religiösen Angelegenheiten im Reich lenkt. In der Basilika befinden sich Arbeitssäle, ein Skriptorium für das Vervielfältigen von Handschriften, eine Bibliothek und eine Palastschule, in der die Beamten des Reiches ausgebildet werden. An die Basilika schließt sich das Atrium ⑧ an, ein viereckiger Hof für erholsame

Einzig die Kapelle der einstigen Pfalz steht noch heute.

Viele unter einem Dach

In der Pfalz wohnen mehrere hundert Menschen: Offiziere, Besucher, Diener und nicht zu vergessen die vielen Tiere! Von 802 bis 810 lebt auch ein Elefant namens Abul Abaz in der Pfalz, ein Geschenk des Kalifen Harun al-Raschid. Der Bedarf an Nahrungsmitteln in der Pfalz ist enorm. Die Versorgung sichert ein ständiger Markt, um den später die Stadt Aachen entsteht.

Spaziergänge oder Versammlungen unter freiem Himmel. Das große, längliche Gebäude ⑨ im Norden beherbergt den Thronsaal, in dem Audienzen und Versammlungen abgehalten werden. Karl der Große empfängt dort regelmäßig wichtige Persönlichkeiten wie Grafen, Botschafter des byzantinischen Kaisers oder des Kalifen von Bagdad und Gelehrte aus ganz Europa. Unter der Aufsicht des Kämmerers lagern hier auch die Archive und der Reichsschatz. Zwischen den religiösen und den weltlichen Gebäuden erstreckt sich ein großer, rechteckiger Platz, an dessen Seite die Wohngemächer Karls des Großen und seiner Familie liegen ⑩. Schützende Säulengänge ⑪ verbinden die verschiedenen Gebäude. In zwei einfachen, strohgedeckten Häusern ⑫ wohnen die Diener der Pfalz.

Die Bildungsreform

„Wir möchten, dass Schulen geschaffen werden, in denen die Kinder lesen lernen. Lehrt die Psalmen, die Noten, den Gesang und die Grammatik in allen Klöstern und Bischofssitzen und korrigiert die religiösen Texte sorgfältig."

Dieses von Karl dem Großen 789 verabschiedete Gesetz ist eine der ersten Bildungsreformen in der Geschichte des Abendlandes. In der karolingischen Schule werden ausschließlich Jungen unterrichtet. Der Unterricht wird in Klöstern und Kathedralen von Mönchen und Priestern abgehalten. Der Kaiser besteht darauf, dass sie Schulen eröffnen, in denen die Kinder der Armen und der Reichen unterrichtet werden. Er weiß, dass das Reich Männer braucht, die Schriftstücke lesen und eine Buchhaltung führen können.

Kein Papier!

Der ägyptische Papyrus, der bislang benutzt wurde, wird durch Pergament ersetzt. Pergament wird aus gereinigter Schafshaut hergestellt, die abgeschabt und zu Bögen geschnitten wird. Das neue Schreibmaterial ist sehr haltbar, aber teuer: Für eine Handschrift mittleren Umfangs benötigt man eine ganze Herde Schafe!

Karl der Große hat die Schule nicht erfunden. Schulen gab es schon lange Zeit vorher. Doch er hat ihre Verbreitung im ganzen Reich gefördert und damit das allgemeine Bildungsniveau beträchtlich erhöht.

66

Ein großer Meister

Karl der Große hat selbst nie schreiben gelernt. Um die Mängel seiner mittelmäßigen Ausbildung auszugleichen, umgibt er sich mit Gelehrten und gründet in Aachen eine Bibliothek, in der seltene Bücher aufbewahrt werden. Er lauscht gerne dem Unterricht des Meisters Alkuin, den er aus York (England) kommen lässt, um die Palastschule zu leiten und das Wissen im Reich zu verbreiten. Der Unterricht in jener Epoche entspricht dem, was bereits römische Schüler lernten: das *Trivium*, bestehend aus Grammatik, Literatur und Philosophie, und das *Quadrivium*, zu dem Geometrie, Arithmetik, Astronomie und Musik gehören.

Schriftbeispiel der karolingischen Minuskel

Seite aus einer Evangeliensammlung, die der Schreiber Godescalc zwischen 781 und 783 im Auftrag Karls des Großen anfertigt

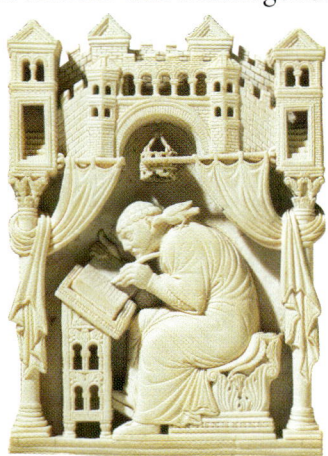

Fehlersuche

Seit Generationen werden die Bücher von Geistlichen von Hand abgeschrieben. Sie arbeiten in den Skriptorien (*Scriptorium* bedeutet auf Lateinisch „Ort des Schreibens") und kopieren Evangelien, Sammlungen von Psalmen oder Gesetzen, Ordensregeln oder Texte aus der Antike. Durch die vielen Übertragungen wurden einige Bücher unverständlich und es schlichen sich unzählige Fehler ein.

Auf Befehl Karls des Großen überarbeiten tausende von Schreibern die Werke, um die Reinheit des Lateins und die Klarheit des Originaltextes wiederherzustellen.

Karolingische Minuskel

Um 770 wird eine neue Schriftform im Skriptorium der Abtei von Corbie (Frankreich) entwickelt, mit deren Hilfe die Qualität der Bücher erhöht werden soll. Sie heißt karolingische Minuskel. Die neue Schrift ist so gut lesbar und so leicht zu schreiben, dass sie sogar für die ersten gedruckten Buchstaben im Buchdruck verwendet wird. Dank der karolingischen Minuskel erfährt die Herstellung neuer Handschriften unter der Herrschaft Karls des Großen großen Aufschwung. Heute sind noch rund 8000 karolingische Handschriften erhalten.

Die Bucheinbände werden von Goldschmieden mit kunstvollen Einlegearbeiten mit Elfenbein, Metallen und Edelsteinen verziert.

Das Leben zur Zeit Karls des Großen

Während in den Handschriften nur von den wichtigen Persönlichkeiten in ihren prachtvollen Gewändern die Rede ist, finden die Archäologen im Boden auch Überreste der Häuser und der Gebrauchsgegenstände der einfachen Leute. Auf diese Weise erfahren wir etwas über das Leben unserer Vorfahren vor 1200 Jahren.

Wachsende Bevölkerung

Überall in den Wäldern Europas entstehen neue Siedlungen. Die Häuser sind um die aus Stein gebaute Kirche angeordnet. Die Bauern bauen für ihr Haus zunächst ein Holzgerüst, das mit einer Mischung aus Stroh und Lehm abgedichtet wird; die Dächer sind strohgedeckt. Neben den Wohnräumen und den Vorratskammern haben die Handwerker ihre Werkstätten wie zum Beispiel Webereien, Töpfereien oder Schmieden.

Die Bauern

Auf jedem Grundbesitz wird ein Teil des Landes ausschließlich von den Unfreien bearbeitet, die dem Grafen oder Landesherrn hörig sind. Einige Parzellen Land namens *Mansus* werden an halbfreie Bauern verpachtet, die eine Pacht in Form von Naturalabgaben oder Frondiensten für den Herrn bezahlen. Es gibt auch freie Bauern, die eigenen Landbesitz haben.

Arbeitsgeräte aus Holz

Die Grundnahrungsmittel sind Weizen, Roggen und Gerste. Diese drei Getreidesorten werden hauptsächlich angebaut. Für ein gesätes Korn erntet der Bauer in einem guten Jahr vier Körner. Das bedeutet viel Arbeit für wenig Ertrag! Der Holzpflug ohne Rad kann die Erde nicht sehr tief bearbeiten und es muss mehrmals gepflügt werden, um die Ernte zu steigern.

Die Versorgung der Soldaten

Im Frühling ruft Karl der Große seine Truppen zur jährlichen Heerschau, dem so genannten „Märzfeld" oder „Maifeld", zusammen. Es ist der Beginn der militärischen Kriegszüge. Jeder Landesherr, der mit seinen Männern gerufen wird, muss Lebensmittel für drei Monate mitbringen. Die Soldaten kommen daher mit Wagenladungen voller Brot, Pökelfleisch und Geflügel an. Das Heer wird im Herbst wieder entlassen. Damit die Truppen sich schneller bewegen können, lässt Karl der Große Brücken bauen und sorgt für einen guten Zustand der Straßen.

Die Münzreform

Der Handel wird erleichtert, als Karl der Große das Geld vereinheitlicht. Auf diesem Silberdenar, der 812 in Mainz geprägt wurde, wird er als römischer Kaiser dargestellt. Zwölf Denar sind ein Schilling (oder Solidus). Ein Schilling ist eine beachtliche Summe: Ein Rind zum Beispiel kostet ungefähr 8 Schilling und 100 Liter Wein kosten 8 Denar.

Früher Tod

Die Toten werden auf einem Stück Land abseits des Dorfes beigesetzt. Die Gräber weisen in Richtung Osten, nach Jerusalem. Ein Friedhof bei Paris wurde von Archäologen genauer untersucht. Sie fanden heraus, dass 40 % der zwischen den Jahren 700 und 1000 beigesetzten Toten unter 20 Jahre alt waren. Ein Ehepaar musste daher sechs Kinder in die Welt setzen, wenn es sicher sein wollte, dass mindestens zwei sie überleben.

Ein karolingisches Dorf besuchen

Überall in Europa kann man nachgebaute Modelle von Dörfern unserer Vorfahren besuchen. In dem Dorf von Villeneuve-d'Ascq in Frankreich kann man karolingische Häuser besichtigen. Ausgrabungen in den Niederlanden, in Belgien, in Deutschland und in Nordfrankreich lieferten das nötige Hintergrundwissen für ihren Bau.

Die fränkische Reichsteilung

Am 25. Juni 841 wird in Fontenoy bei Auxerre eine fürchterliche Schlacht geschlagen. Tausende von Kriegern fallen. Das Reich Karls des Großen zerbricht.

Die **Schlacht von Auxerre** (Ausschnitt aus einer Handschrift aus dem 15. Jahrhundert)

Der Bürgerkrieg

Beim Tod Karls des Großen 814 ist Ludwig der Fromme der alleinige Erbe. 817 teilt er das Reich unter seinen Söhnen Lothar, Pippin und Ludwig dem Deutschen auf.

Karl der Kahle und Ludwig der Deutsche legen vor ihren Truppen einen Eid ab.

Doch als 823 sein vierter Sohn, Karl der Kahle, geboren wird, schafft er für ihn ein Teilreich auf Kosten der anderen Söhne. Die Brüder lehnen sich auf, der Papst mischt sich ein und auch der Adel ergreift Partei. Die Truppen werden mobilisiert: Ein Bürgerkrieg erschüttert das Reich.

Der Vertrag von Verdun

Nach dem Tod Pippins (838) und der Schlacht von Auxerre beschließen Karl der Kahle und Ludwig der Deutsche, die ihren Bruder Lothar besiegt haben, ihre Armeen zusammenzulegen. Am 14. Februar 842 legen sie in Straßburg einen Bündniseid in ihren beiden Sprachen ab (Althochdeutsch und Altfranzösisch). Doch auch danach kommt es zwischen den drei Brüdern immer wieder zu Konflikten. Die einflussreichen Familien des Reiches wollen jedoch endlich Frieden. 843 wird mit dem Vertrag von Verdun das

Ein heiß umkämpftes Land

Das Reich Lotharingien bzw. Lothringen wurde nach Lothar benannt. Seine Brüder teilen es nach seinem Tod (855) und dem Tod seines Erben im Jahr 870 schnell unter sich auf. Seit jener Zeit liegt Lothringen im Grenzgebiet und wird abwechselnd von Frankreich und Deutschland erobert.

Die **Teilung** nach dem Vertrag von Verdun 843

Reich aufgeteilt: Karl erhält Westfranken, aus dem Frankreich hervorgehen wird, Ludwig herrscht über Ostfranken, das spätere Deutschland, und Lothar übernimmt das mittlere Reich, das von den Niederlanden bis nach Italien reicht.

Angriffe im Nordosten

Die Könige sind so sehr mit ihren Streitereien beschäftigt, dass sie den Grenzschutz vernachlässigen. Dabei droht vor allem von Norden große Gefahr. Die neuen Feinde sind ein gefährliches Seefahrervolk, während die Karolinger überhaupt nicht auf

Im Jahr 885 fahren die Wikinger die Seine bis nach Paris hinauf, wo Graf Eudes erbitterten Widerstand leistet. Dank seines Erfolges wird er zum König gewählt (888–898). Im Jahr 987 übernimmt einer seiner Nachfahren, Hugo Capet, den Thron des letzten karolingischen Königs.

See kämpfen. Die Wikinger rauben das Gold in den Klöstern und Städten, zerstören 837 den Hafen von Dorestad (Niederlande) und belagern 885 Paris. Die Könige verhandeln lieber statt zu kämpfen. Im Jahr 911 überlässt der König des Ostfränkischen Reiches, Karl der Einfältige, dem dänischen Wikingerführer Rollo das Gebiet Neustrien, das nun den Namen Normandie erhält.

Weitere Fronten

Zwischen 899 und 955 organisieren die Ungarn, die Nachfahren der Awaren, im Osten 33 blutige Kriegszüge Richtung Westen. Erst der Sieg Ottos I. auf dem Lechfeld 955 beendet die Einfälle. Im Süden kommen die Araber auf dem Seeweg nach Europa, nehmen 827 Sizilien ein, plündern 838 Marseille und zerstören 846 Rom.

Das Gesetz des Stärkeren

Die Angriffe und Kriege schwächen die Könige. Der Adel zögert nicht lange, als er die Geldnot und den Mangel an Mut beobachtet, und zwingt 887 Kaiser Karl den Dicken auf dem Reichstag von Tribur zur Abdankung. Der Adel gelangt zu immer mehr Macht. Schon bald fühlen die Großen der Reiche sich stark genug und wählen einen König aus ihren Reihen.

Die Wikinger aus dem hohen Norden

Die Wikinger sind nicht nur kaltblütige Plünderer, sondern auch erfahrene Seefahrer, wagemutige Entdecker und geschickte Händler. Von 793 bis 1066 versetzen sie das Abendland immer wieder in Angst und Schrecken. Ihr Heldenmut führt sie bis ins wilde Russland und an die Küsten Amerikas.

Hoch entwickelter Schiffsbau

Der Erfolg der Wikinger wäre ohne ihre Boote undenkbar gewesen. Die Wikinger entwickeln mit ihrem Wissen und ihrer Kenntnis des Meeres leistungsfähige Schiffe, die ihnen die Vormachtstellung auf See sichern. Wikingerschiffe können auf Stränden anlanden, Flüsse hinaufsegeln und das offene Meer befahren. Für den Bootsverkehr zwischen den Inseln haben die Nordmänner ein Küstenboot namens Karv. Mit dem Langschiff gehen sie auf Raubzug, für Handelsfahrten nehmen sie die Knorr. Alle Schiffstypen sind in der gleichen Art gebaut: Der Rumpf ist aus überlappenden Brettern gefertigt; der Kiel besteht aus einem einzigen Stück Holz, Bug und Heck sind identisch; hinten ist ein seitliches Steuer angebracht; ein großes, rechteckiges Segel hängt an einem Mast in der Mitte.

Dieses Boot wurde in Oseberg in Norwegen ausgegraben. Es lag im Grab eines Königs.

Die Wikinger kommen

Die Wikinger sind Stämme germanischen Ursprungs, die an den Küsten Norwegens, Dänemarks und Schwedens leben. Sie sprechen die gleiche Sprache (Altnordisch), haben die gleichen Sitten und Bräuche und verehren dieselben Götter. Im 8. Jahrhundert, als ihre Bevölkerung stark anwächst und ein neuer Handelsweg zwischen Holland und dem Rheintal erschlossen wird, wagen sie sich auf die Meere. Ab 793 fallen die norwegische Wikingerstämme in Irland, England, an den französischen Küsten und sogar Südspanien ein, wo sie Klöster plündern, Häfen angreifen und den Städten Schutzgeld abpressen. Kurze Zeit später greifen dänische Wikingerstämme an. Im 9. Jahrhundert stehen sie mehrmals vor den Toren von Paris.

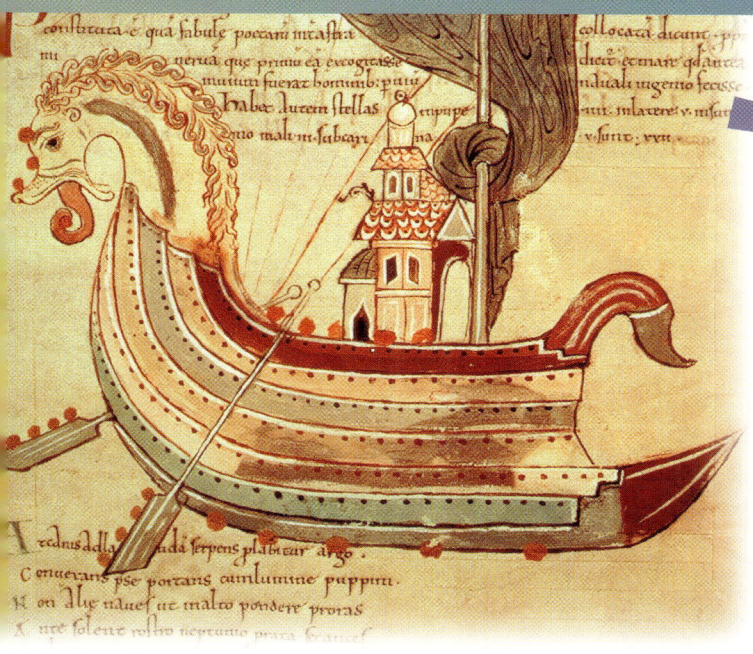

Den Bug vieler Wikingerschiffe ziert ein Drache, der die bösen Geister vertreiben soll. Auf Altnordisch heißt er *Drakar*.

Odin, Thor und die anderen

Die Wikinger haben viele Gottheiten, die der germanischen Götterwelt entstammen. Sie verehren Odin, den mächtigsten Gott, und Thor, den Gott des Donners, der den Kosmos schützt und die Riesen bekämpft. Weitere Götter sind Freyr, der Gott des Überflusses, und seine Schwester Freyja, die Göttin der Fruchtbarkeit.

Bei Ausgrabungen im kanadischen Anse in Neufundland wurden 1961 Überreste einer Wikingersiedlung entdeckt, die um das Jahr 1000 entstanden ist.

In Ost und West

Die Schweden segeln gen Osten und treiben Handel mit Pelzen und Sklaven. In den fernen slawischen Ländern gründen sie Handelsniederlassungen und befahren die Flüsse, die nach Byzanz führen. Im Jahr 862 gründet ihr Anführer Rurik einen neuen russischen Staat um die Stadt Nowgorod. Zur gleichen Zeit wandern viele Norweger nach Island aus, wo sich zwischen 874 und 930 an die 10 000 Menschen niederlassen. Von dort aus bricht Erik der Rote im Jahr 983 in Richtung Westen auf. Er entdeckt Grönland, das so genannte „grüne Land". Sein Sohn Leif erreicht um das Jahr 1000 Amerika – 500 Jahre vor Christoph Kolumbus – und landet an der Küste Kanadas und später in Neufundland, das er Vinland, also „Weinland", nennt. Doch das Abenteuer währt nur kurz, denn 20 Jahre später verlassen die Wikinger das Land, entmutigt angesichts der Feindseligkeit der amerikanischen Indianer.

Diese indische Figur fand man in einem Wikingergrab in Schweden. Sie beweist, dass die Wikinger Kontakte zum Orient unterhielten, die bis nach Indien und China reichten.

Ein Nachfahre der Dänen in der Normandie ist Wilhelm der Eroberer, der 1066 England unterwirft.

Europa im Jahr 1000

Nach dem Auseinanderbrechen des Frankenreiches der Karolinger entstehen mehrere Reiche, in denen die führenden Familien die Macht übernehmen. Die neue Ordnung Europas ist bereits zu erkennen.

Im Osten entsteht das Deutsche Reich aus großen unabhängigen Herzogtümern wie Franken, Sachsen und Bayern. Herzog Heinrich I. von Sachsen wird 919 zum König gewählt. Sein Sohn und Erbe Otto I. unterwirft Italien und lässt sich 962 zum Kaiser krönen. Damit begründet er das **Heilige Römische Reich**. Das Deutsche Reich ist in jener Zeit das mächtigste Reich im Abendland.

Im Westen besteigt Hugo Capet, der Herzog von Franzien, 987 den Thron. Er wird von den führenden Familien des Westfränkischen Reiches, also **Frankreichs**, zum König gewählt, hat aber außerhalb seines Herzogtums, das zum Kernland der Krone wird, keine Macht. In kluger Voraussicht lässt er noch zu seinen Lebzeiten seinen ältesten Sohn Robert II. den Frommen krönen. Damit begründet er die Dynastie der Kapetinger.

Herzog Wilhelm aus der Normandie (Wilhelm der Eroberer) erobert das von den vielen Erbfolgekriegen geschwächte **England**. Nach der Schlacht von Hastings wird er 1066 zum König gekrönt und baut einen gut funktionierenden Staat auf. Zwischen England und Frankreich kommt es immer wieder zu kriegerischen Auseinandersetzungen.

Im Norden und Osten sind die meisten Stämme zum Christentum übergetreten und stellen keine Bedrohung mehr für Europa dar. In **Dänemark** tritt mit König Harald „Blauzahn" 966 auch sein Volk zum Christentum über. Der erste König von **Ungarn**, Stephan I., wird im Jahr 1000 vom Papst gekrönt. Um die Hauptstadt Kiew entsteht das **Kiewer Reich**. 1024 wird das erste Königreich **Polen** gegründet. Im Süden verfolgen die kleinen christlichen Königreiche (León, Kastilien, Navarra, Aragon) die langsame Rückeroberung **Spaniens** von den Mauren.

KÖNIGREICH SCHOTTLAND

IRLAND

KÖNIGREICH ENGLAND

London

Wilhelm der Eroberer, König von England von 1066 bis 1087

ATLANTISCHER OZEAN

BRETAGNE

Paris

Hugo Capet, König von Frankreich von 987 bis 996

KÖNIGREICH FRANKREIC

León

Navarra

Kastilien

Aragon

Grafschaft Barcelona

KALIFAT VON CÓRDOBA

Córdoba

Kernland der französischen Krone (Krondomäne) 98

christliche Gebiete Spaniens

maurische Gebiete

KÖNIGREICH
NORWEGEN

KÖNIGREICH
SCHWEDEN

KIEWER REICH

KÖNIGREICH
DÄNEMARK

Taufe Wladimirs I.,
Großfürst von Kiew
von 978 bis 1015

NORDSEE

Waräger

POMMERN

KÖNIGREICH POLEN

Kiew

Otto III., Kaiser des
Heiligen Römischen
Reiches von
983 bis 1002

Mainz

Krakau

Stephan I.,
König von
Ungarn von
1000 bis 1038

REICH
UND

HEILIGES
RÖMISCHES REICH
(DEUTSCHES REICH)

KÖNIGREICH UNGARN

Petschenegen

KÖNIGREICH
KROATIEN

SCHWARZES MEER

KIRCHEN-
STAAT

BYZANTINISCHES

Konstantinopel

Rom

REICH

MITTELMEER

SANCTORVM CETVS STAT XPISTO IVDICE LETVS

SOL LANEA CLAV
OESIGNA CRVCIS ERIT IN

SI XI DEO RVM

DETV DISCEDE EA

CARITAS VMILITAS

ADLELL GAVDIAV CTIS GLORIA PAX REQVIES PERPET VSQ DIES + PENIS IN

TES PIETATIS AMILIS SIC STANT GAVDENTES SECVRI NIL ME TV NTES +

TRANSMVTETIS NISIMORES IVDICIVM DVRVM VOBIS SCITO FV

Kirche und Christentum

Das Christentum eint die Reiche des Abendlandes, Frauen und Männer verschiedener Nationen fühlen sich durch die Religion miteinander verbunden. Fast alle Menschen haben das Gefühl, der Gemeinschaft der Christen anzugehören. Der Papst (von lateinisch *papa*, „Vater") ist das Oberhaupt der katholischen Kirche. Dem Bischof von Rom und Stellvertreter Jesu Christi, so zwei seiner offiziellen Titel, untersteht die Christenheit. Jeder hat seinen Platz und seine Rolle in einer von Gott gewollten Gesellschaftsordnung: Die Geistlichen beten, Herren und Ritter kämpfen und Bauern, Handwerker, Händler und Tagelöhner arbeiten.

Allmächtige Kirche

In ganz Europa werden Kirchen und Klöster errichtet. Die Geistlichen sind mit wenigen Ausnahmen die Einzigen, die Zugang zu Bildung haben. Die christliche Kirche gewinnt im Lauf der Zeit immer größeren Reichtum und Einfluss und wird im mittelalterlichen Europa zur stärksten Macht. Sie spielt auch im Alltag des Einzelnen eine zentrale Rolle.

Die **Kardinäle** stammen aus den Reihen der Bischöfe. Sie wählen den Papst und beraten ihn.

lichen nennt man Klerus. Einige Geistliche haben engen Kontakt zu Laien, sie heißen daher auch Weltgeistliche; die Ordensgeistlichen wiederum ziehen sich in Klöster zurück, wo sie nach ihrer Ordensregel leben *(siehe S. 82–83)*. Die straff organisierte Kirche steht im Mittelpunkt der christlichen Welt.

Reiche Kirche

Die Kirche verfügt über große Reichtümer, vor allem ausgedehnte Ländereien, und kann prächtige Kirchen bauen. Im Lauf der Zeit vermehrt sie ihren Grundbesitz sogar noch. Die Bauern auf kircheneigenem Land müssen der Kirche den Zehnt abführen, also ein Zehntel ihres Ertrages. Schenkungen und Vermächtnisse von Laien, die sich ihr Seelenheil erkaufen wollen, vergrößern den Reichtum der Kirche zusätzlich.

Unter der Leitung der Geistlichen

Neben den Laien gibt es eine Minderheit von Kirchendienern, die Geistlichen, die ihr Leben Gott geweiht haben. Ihre Aufgabe ist das Beten und die Verkündigung des Evangeliums. Sie unterstehen dem Papst in Rom, dem Oberhaupt der Kirche. Er ernennt für jede Region einen geistlichen Führer, den Bischof, der auch für die Verwaltung zuständig ist. Er überwacht die Gemeinden der Dörfer und Städte seiner Diözese, in denen er jeweils einen Priester einsetzt. Die Gesamtheit aller Geist-

Die **Zehntabgaben** werden vielerorts in den so genannten Zehntscheunen gelagert. Sie erinnern uns daran, dass die Kirche auch eine große wirtschaftliche Macht ist.

Für Arme, Verkrüppelte und vor allem Leprakranke ist die Kirche oft letzter Zufluchtsort. Sie stiftet Armenhäuser, Spitäler usw.

Keine Gewalt!

Den Rittern wird verboten, unbewaffnete Menschen (Geistliche, Bauern, Kaufleute) anzugreifen. Von Mittwoch ab Sonnenuntergang bis Montag bei Sonnenaufgang und an bestimmten Tagen im Jahr (Fastenzeit, Ostern, Advent, Weihnachten) dürfen sie nicht kämpfen. Diese Regeln nennt man den „Gottesfrieden", der von der Kirche verabschiedet wurde, um gegen die ständigen kriegerischen Auseinandersetzungen anzugehen.

Allgegenwärtig

Nach dem Vorbild Jesu hilft die Kirche den Bedürftigen. In den Hospizen speist sie die Armen und bietet Pilgern für eine Nacht Obdach und Essen. Kranke, Waisen, ausgesetzte Kinder und verarmte Frauen vor der Niederkunft ihres Kindes kommen in den Spitälern unter; das sind die späteren Krankenhäuser. Die Kirche bietet außerdem Fremden und Menschen auf der Flucht Asyl: Auf ihrem Boden und in ihren Gebäuden genießen diese Menschen den Schutz der Kirche. Die Kirche ist auch für den Unterricht zuständig. Nicht zuletzt verfügt sie über ein eigenes Kirchenrecht und eigene Gerichte, da sie sich für alle religiösen Streitfragen zuständig fühlt.

Freie Kirche

Nach und nach gewinnt die Kirche an Einfluss und kann sich gegen mächtige Weltliche behaupten. Der Papst hält in seinen Händen eine starke Waffe: die Exkommunikation. Einem exkommunizierten Christen werden alle Sakramente verweigert. Der Heilige Vater kann auch den Ausschluss aus der Christengemeinde beschließen. Dieser Bannfluch trifft nicht nur den König oder Fürsten, sondern auch seine Ländereien. Ab dem 11. Jahrhundert beschließen Päpste wie Nikolaus II. oder Innozenz III., dass die Mächtigen sich bei der Ernennung von Kirchenoberen nicht mehr einmischen dürfen. Die Päpste unterbinden auch Missachtungen der Gelübde wie die Heirat von Priestern.

Der deutsche Kaiser Heinrich IV. (1056–1106) und Papst Gregor VII. tragen einen langen Machtkampf aus. Der Papst behält schließlich das letzte Wort, als er den Kaiser 1076 exkommuniziert.

In den Spitälern kümmern sich die Geistlichen um das körperliche und geistige Heil der Ärmsten der Bevölkerung. Kälte und Unterernährung setzen den Kranken besonders zu. Sie werden mit Heilkräutern behandelt.

Christ sein im Mittelalter

Dreimal am Tag läuten die Glocken der Kirche zum Gebet. Ihr fröhliches Geläut begleitet auch die hohen kirchlichen Festtage im Jahr. Auf dem Land und in der Stadt ist das Glockengeläut nicht mehr wegzudenken. Die Kirche steht im Mittelpunkt des Lebens der Christen.

Kirchgang

Ende des 13. Jahrhunderts haben die meisten Dörfer und Stadtviertel ihre eigene Kirche. In Europa gibt es über 35 000 Kirchen, also eine Kirche pro 200 Einwohner. Die Christen gehen häufig in die Kirche. Am Sonntag und an den kirchlichen Feiertagen (Weihnachten, Ostern, Himmelfahrt und Pfingsten), an denen die wichtigen Tage im Leben Jesu Christi gefeiert werden, besuchen sie die Messe. Auch die verschiedenen Jahreszeiten werden im Kirchenjahr gefeiert. An Festtagen stehen Händler mit ihren Ständen vor dem Kirchenportal und es wird zur Musik getanzt. Die Kirche ist Versammlungsort, wenn wichtige Entscheidungen in der Gemeinde getroffen werden müssen, und Zufluchtsort bei Gefahr, wenn die Burg des Herrn zu weit entfernt ist.

Hölle oder Paradies

Alle Christen fürchten das Jenseits. Vor allem das Jüngste Gericht nach dem Tod flößt ihnen große Angst ein. Die Kirche verbreitet den Glauben, dass Gott am Tag des Jüngsten Gerichts die Handlungen eines Menschen in seinem Leben gegeneinander aufwiegen wird: Wer sich schwere Vergehen vorzuwerfen hat, landet im Fegefeuer; der Tugendhafte erlangt ewiges Leben im Paradies an der Seite Gottes.

Der Teufel

Das ganze Leben lang müssen die Christen das Böse bekämpfen. Sie müssen der Sünde und den Versuchungen widerstehen, die der Teufel ihnen schickt. Der Teufel heißt auch Luzifer, Satan oder Dämon. Die Kirche und die Geistlichen unterstützen die Christen in ihrem Kampf gegen das Böse, indem sie das Wort Gottes lehren und den Weg zum Heil weisen.

Ewiges Leben

Die Kirche weist mehrere Möglichkeiten auf, wie man ins Paradies gelangen kann: Man soll Nächstenliebe üben, regelmäßig zu Gott beten, zur Messe gehen und in der Fastenzeit fasten (also 40 Tage vor Ostern maßvoll essen). Die Vergebung der Sünden kann durch Beichte vor einem Priester erlangt werden. Mit Gebeten und Fasten soll man Buße tun. Man kann als Buße auch Geld oder einen Teil seiner Güter der Kirche spenden; das nennt man Ablass.

Leben mit Gott

Das Leben des Gläubigen ist von religiösen Zeremonien geprägt. Das Neugeborene wird mit der Taufe in die Gemeinschaft der Christen aufgenommen. Ab dem 12. Jahrhundert muss man sich in der Kirche vor Gott trauen lassen. Die Toten werden auf dem Friedhof nahe der Kirche beigesetzt.

Fromme Vornamen

Ausnahmslos alle Vornamen, die man den Neugeborenen am Tag ihrer Taufe gibt, sind Namen von Heiligen: Die Apostel Jesu wie Matthäus, Johannes oder Andreas; Märtyrer, die in der frühen Zeit der Christen verfolgt wurden wie Blandina oder Agnes; oder auch Mönche, Priester und Nonnen des Mittelalters wie Gregor, Franziskus, Brigitte, Katharina oder Klara. Jeder Kalendertag trägt den Namen eines Heiligen und jede Stadt und jede Organisation hat einen Schutzheiligen, den sie an jenem Tag ehrt.

Anrufung der Heiligen

Das Heil der Christen liegt auch in den Händen der Heiligen, die ebenso wie Maria, die Mutter Jesu, hoch verehrt werden. Sie gelten als Vorbilder und Vermittler zwischen Gott und den Menschen. Zu den Kirchen, in denen ihre Gräber oder ihre Reliquien (Knochen, Gegenstände aus ihrem Besitz) liegen, pilgern unzählige Menschen. Sie beten zu ihnen, erbitten ihre Fürsprache oder äußern einen Wunsch, zum Beispiel die Heilung einer Krankheit, oder Wiedergutmachung eines Fehlers.

Mönche und Nonnen

Man schreibt das Jahr 1112. Mit kräftiger Stimme wendet sich Bernhard von Clairvaux, ein Mann von beeindruckender Statur, an seine Glaubensbrüder: „Unsere Regel gebietet uns, die Stille zu ehren, zu fasten, zu wachen, zu beten, körperlich zu arbeiten und vor allem Barmherzigkeit zu üben."

Zisterzienserabtei von Fontenay

Schluss mit Ausschweifungen

Im 10. Jahrhundert besitzen die Klöster großen Reichtum und sind wichtige Wissens- und Kulturzentren. Ihr Erfolg weckt bei den Mächtigen Begehrlichkeiten; sie wollen die religiösen Zentren kontrollieren und setzen Äbte als Klostervorsteher ein. Strenge Reformen sollen den weltlichen Einfluss verhindern und die Disziplinlosigkeit in den Klöstern austreiben. Vor diesem Hintergrund gründet Wilhelm der Fromme, Herzog von Aquitanien, in Cluny (Burgund) im Jahr 910 eine neue Abtei. Er setzt durch, dass der Orden nur dem Papst Gehorsam schuldet und dass der Abt von den Mönchen gewählt wird. Er führt die erneuerte Ordensregel des heiligen Benedikts *(siehe S. 15)* ein. Im 11. Jahrhundert zählt der Orden der Kluniazenser (abgeleitet von Cluny) über 10 000 Mönche, die in 1500 Klöstern leben. Der Abt von Cluny genießt in der Christenheit hohes Ansehen. Der Orden der Kluniazenser ist vor allem bei den Söhnen der Fürsten beliebt, die ihn mit Schenkungen überschütten.

Die Mönche von Cluny leben in großem Wohlstand. Der heilige Bernhard wird nicht müde dies anzuklagen: „Wenn sie vorbeigehen, hält man sie nicht für Äbte, sondern für Schlossherren."

Hildegard von Bingen: Äbtissin und Heilige

Hildegard von Bingen (1098–1179) tritt im Alter von acht Jahren ins Kloster ein. Sie verfügt über unerschöpfliche Energien: Sie gründet das Kloster Rupertsberg bei Bingen, unterhält einen Briefwechsel mit allen Mächtigen Europas, schreibt Naturbeschreibungen und Gedichte, komponiert Musik und züchtet Heilpflanzen. Sie ist vor allem für ihre göttlichen Visionen bekannt, die sie in ihren Schriften beschreibt.

Armut als Ideal

So viel Luxus ist mit dem christlichen Weltbild nicht mehr vereinbar. Im Jahr 1084 gründet Bruno, der Domherr von Reims, das Kloster der Grande Chartreuse mitten in den Alpen. Die strenge Regel des so genannten Kartäuserordens fordert absolute Stille, Einsamkeit und Armut von den Mönchen. Kurze Zeit später wird in der 1098 gegründeten Abtei von Cîteaux in Burgund die Benediktinerregel mit Strenge umgesetzt. Der hier entstehende Orden der Zisterzienser beruht auf den Ausführungen von Bernhard von Clairvaux, einem wortgewaltigen Mann mit großer Ausstrahlung. Die Zisterzienser leben abgeschieden in kargen Abteien, roden Wälder und legen Sümpfe trocken. Sie wohnen in selbstgewählter Armut und leben von den Früchten ihrer Arbeit. Sie haben weder Ländereien noch bekommen sie einen Zehnt. Ende des 13. Jahrhunderts gibt es 600 Zisterzienserabteien in Europa.

Franziskus ist Sohn einer reichen Kaufmannsfamilie. Doch er lehnt alle seine Güter ab und weiht sein Leben Gott.

Franziskaner und Dominikaner

Anfang des 13. Jahrhunderts entstehen zwei neue, so genannte „Bettelorden": Der Franziskanerorden, den der Italiener Franz von Assisi (1181–1226) gründet, und der Dominikanerorden, den der Spanier Dominikus von Guzman (um 1170–1221) stiftet. In diesen Orden leben Mönche, die wie die Bettler nichts besitzen und von Almosen leben. Sie sind jedoch keine Einsiedler, sondern leben in den Städten, wo sie den Armen helfen, studieren, unterrichten und vor allem predigen. Sie folgen dem Beispiel des heiligen Franziskus und seinem Ideal der Reinheit, der Demut und des inneren Friedens.

Die Dominikaner verschreiben sich dem Studium und der Verkündigung des Evangeliums. Sie spielen auch eine wichtige Rolle im Kampf der Kirche gegen Ketzer.

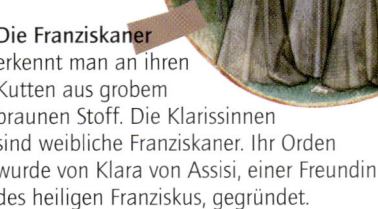

Die Franziskaner erkennt man an ihren Kutten aus grobem braunem Stoff. Die Klarissinnen sind weibliche Franziskaner. Ihr Orden wurde von Klara von Assisi, einer Freundin des heiligen Franziskus, gegründet.

Bernhard (1090–1153), der Gründerabt von Clairvaux, widmet sich ganz seinem Zisterzienserkloster. In seinen Schriften warnt er seine Glaubensbrüder vor den Versuchungen des Dämons, wie auf der Abbildung zu sehen.

Die Krippe

Franz von Assisi wollte die Geburt Jesu Christi für die Gläubigen anschaulich darstellen und baute zu diesem Zweck die erste Krippe.

Im Kloster

Während die Mönche sich die Kapuzen tief in die Stirn ziehen und durch den Kreuzgang zur Kirche eilen, ertönt ein getragener, melancholischer Gesang über den Dächern des Klosters. Es ist Mittag, Zeit für das Gebet. Achtmal am Tag kommen die Mönche zum Gebet zusammen.

In jedem Kloster stehen die einzelnen Gebäude dicht beieinander, damit die Mönche schnell von der Arbeit zum Gebet kommen, wenn die Glocke läutet. Der Tag beginnt lange vor Morgengrauen mit der Vigil, einer nächtlichen Gebetsversammlung, und endet abends mit der Komplet nach der letzten Mahlzeit. Achtmal am Tag versammeln sich die Mönche zum Gebet in der Kirche. Sie singen, lesen aus der Bibel und über das Leben der Heiligen. Dies ist ihre Hauptaufgabe, denn ihre Gebete sollen die Sünden der Menschheit aufwiegen. Ein Abt (davon abgeleitet auch Abtei) führt die Gemeinschaft der Mönche an. Jeden Tag steht er der Kapitelversammlung vor, in der ein Mönch jeweils ein Kapitel aus der Ordensregel vorliest. Die Mönche treffen sich dazu im Kapitelsaal ①, wo Versammlungen und Besprechungen aller Art stattfinden. Die meisten Mönche sind Adlige. Manche treten der Gemeinschaft erst im Alter bei, um dort ihr Leben zu beenden und nach dem Tod in Frieden ruhen zu können.

Unter den Mönchen gibt es auch einige Bauern. Die so genannten Laienbrüder führen ein Leben abseits der Mönche: Sie bestellen die Felder des Klosters und nehmen ein- oder zweimal täglich an den Gebeten teil. Das Kloster stellt alle Nahrungsmittel selbst her. Es besitzt Felder, einen Obst- und Gemüsegarten, Weinreben, einen Fischweiher, Stallungen und eine Molkerei ②. Dank der durchdachten Aufgabenteilung und dem fortschrittlichen Denken der Mönche, die ihre Herstellungsverfahren ständig verbessern, sind die Erzeugnisse von sehr guter Qualität. Das Kloster ist keine in sich geschlossene Welt. Man behandelt dort auch Kranke und nimmt Arme, Waisen und Invalide auf. Reisende und Pilger erhalten Obdach für eine Nacht. Zahlreiche Fürstenkinder werden in Klöstern erzogen und unterrichtet. Für all diese Fremden gibt es ein separates Gebäude ③ und eine Kapelle.

❹ Refektorium
❺ Skriptorium
❻ Kreuzgang
❼ Dormitorium der Mönche

Klosterschüler

Viele Eltern schicken ihre Kinder in Klöster, damit sie eine Ausbildung erhalten und später Mönch werden können. Im Gegenzug überlassen sie den Klöstern Ländereien oder Geld. Ab dem 12. Jahrhundert verschwindet diese Praxis, denn die Kirche bevorzugt Mönche, die freiwillig zu ihr kommen.

Im Skriptorium

Das Skriptorium ist ein großer Saal, der der geistigen Arbeit vorbehalten ist. Die Mönche beugen sich über ihre Schreibpulte und kopieren in ihrer schönsten Schrift die heiligen Texte. Außer dem Kratzen der Federn auf Pergament hört man kaum einen Laut.

Tierhaut

Im Mittelalter werden alle Bücher von Hand abgeschrieben, daher heißen sie auch Handschriften. Das dafür vorgesehene Pergament wird in langwieriger Arbeit im Kloster oder in speziellen Werkstätten hergestellt. Die Schaf- oder Ziegenhäute werden gewaschen, abgeschabt, getrocknet, gezogen und poliert, bevor man sie zu Bögen schneidet.

Der Kopist

Bevor der Kopist mit dem Schreiben beginnt, nimmt er die Blatteinteilung vor und legt fest, wo Text und Verzierungen ihren Platz haben. Dann taucht er seinen Schwanen- oder Gänsekiel in die schwarze oder rote Tinte und beginnt zu schreiben.

Die ersten Bücher

Das Pergament wird gefaltet und zu Heften zusammengesteckt. Eine durch Löcher am Seitenrand gezogene Lederschnur hält das Heft zusammen. Diese Buchform heißt „Codex". Die Pergamentblätter werden von einem festen Einband aus dickem Leder, Holz, Metall oder Elfenbein geschützt. Seit dem 4. Jahrhundert ersetzt der Codex die Papyrusrolle. Er ist der Vorfahr unserer Bücher.

Wiederverwendbar!

Pergament ist selten und teuer. Deshalb wird es häufig mehrmals benutzt. Der Schreiber kratzt die bereits beschriebenen Seiten mit einem Bimsstein ab, um den Text auszuradieren. Fertig! Eine neu beschriebene Handschrift nennt man Palimpsest.

Die Klöster spielen eine wichtige Rolle bei der Überlieferung des Wissens der antiken Philosophen. In den Bibliotheken der größten Klöster wie die von Cluny oder Montecassino lagern über tausend Handschriften.

Der Kopist bei der Arbeit

Das Kopieren ist eine sehr langwierige Aufgabe. Nur wenige Mönche übertragen mehr als fünf Seiten pro Tag. Für eine Kopie der Bibel benötigt man ein Jahr. Die anderen religiösen Bücher, die ebenfalls auf Lateinisch geschrieben sind, sind weniger umfangreich. Zu ihnen zählen Psalter (Andachtsdichtung), Evangeliare (mit Auszügen aus den Evangelien) oder Stundenbücher (mit Gebeten für die verschiedenen Stundengebete). Auch die Texte der großen Denker der Antike werden kopiert sowie die Werke, die Könige und Fürsten für ihre persönliche Bibliothek bestellen.

Die hohe Kunst der Buchmalerei

Neben den Kopisten arbeiten auch die Buchmaler an den Handschriften. Sie verzieren sie mit geschwungenen Buchstaben (Initialen) und farbigen Bildern. Sie verwenden Blattgold, Silber und weitere Farben. Die Farbstoffe werden in einem Bindemittel gelöst (Eiweiß oder tierischer Leim). So erhält man eine flüssige Paste, die nicht verläuft. Ein rotes Pigment namens Zinnober oder Minium wird besonders häufig verwendet.

Pilgerreise nach Santiago de Compostela

Der Kastilier Diego Gelminez, der zum Bischof und später zum Erzbischof ernannt wird, macht Santiago de Compostela zu einem wichtigen geistigen Zentrum.

Seit vielen Tagen ist Arnold vom Berg nun schon unterwegs. Seit er von Vézelay aus loszog, hat er schon viele Abenteuer erlebt. Er wäre fast in eine Schlucht gestürzt und entkam nur knapp einer Bande falscher Pilger. Doch wie die 200 000 anderen Jakobspilger, die im 12. Jahrhundert jedes Jahr auf die Reise gehen, kämpft er sich weiter, um noch vor Wintereinbruch in Santiago de Compostela anzukommen.

Glaube und Hoffnung

In einer Zeit, in der jeder Gläubige das Heil sucht und das Grauen des Fegefeuers vor Augen hat, ist eine Pilgerreise eine Form der Buße, mit der man seine Demut und seinen Glauben beweisen kann. Die Unterschiede zwischen Fürsten, Bürgern und Bauern sind vergessen, wenn sie vor den drei Gräbern niederknien: dem Grab Jesu in Jerusalem, dem Grab des heiligen Petrus in Rom und dem des heiligen Jakobus in Compostela (Spanien). Es gibt auch Wallfahrten zu weniger bekannten Heiligen, deren Reliquien in den vielen Kirchen entlang der Pilgerstraßen liegen. Manche Gläubige schicken auch einen Stellvertreter auf Pilgerreise.

Den Pilger erkennt man an seinem Pilgerkleid, auch Pelerine genannt, und an dem Pilgerstab. Er trägt einen Filzhut, auf dem als Erkennungszeichen die Jakobsmuschel aufgenäht ist.

Auf den Spuren der Jakobspilger

Sie gehen zu Fuß oder reiten auf Pferden oder Eseln. Pilger aus ganz Europa sammeln sich in vier Zentren: Paris, Vézelay, Le Puy und Arles. Von dort führen vier Pilgerstraßen nach Compostela. Hinter den Pyrenäen in Puente la Reina vereinigen sie sich zu einer großen Straße. Von hier aus führt der Camino de Santiago zum Ziel. Die meisten Pilger reisen in Gruppen. Jeden Abend kehren sie in von Mönchen geführten Unterkünften ein, deren Adresse manchmal im „Pilgerführer" empfohlen wird.

Am Ende der Reise

Von Vézelay bis nach Santiago de Compostela sind es 1600 km. Ein so langer Fußmarsch birgt große Gefahren. Die schlammigen

Der Pilgerführer

Er ist eine Art Reiseführer mit zahlreichen Informationen, den jeder Pilger auf der Reise nach Santiago de Compostela in seiner Tasche haben sollte. Der Pilgerführer enthält praktische Ratschläge (Unterkünfte, Reliquien, Heiligtümer auf dem Weg) und erzählt aus dem Leben des heiligen Jakobus. Der Autor Aimery Picard war vermutlich ein Franzose aus Poitou, der den Führer um 1139 auf dem Rückweg von Santiago de Compostela schrieb.

Ausgangspunkt der „Via Lemovicensis" ist die Kirche von Vézelay. In ihr liegt das Grab der heiligen Magdalena. Das Gebäude aus dem 12. Jahrhundert ist ein Wunderwerk religiöser Architektur.

und die Reliquien des Heiligen berühren, von dem er sich Rettung oder Heilung erhofft. Im Chorumgang im hinteren Teil der Kirche kann man um das Grab des heiligen Jakobus herumgehen. Seit der Entdeckung eines Grabes um 820, in dem angeblich der Apostel Jakobus liegt, der in Spanien das Evangelium verbreitete, ist der Strom der Pilger nie abgerissen. Mit den Pilgern gewann die Stadt an Größe und Bedeutung und wurde mit ihrer zwischen 1078 und 1140 gebauten Kathedrale zu einem der wichtigsten Wallfahrtsorte der Christenheit.

und steinigen Straßen sind von Wagenspuren zerfurcht. Brücken sind selten und kosten bei der Überquerung Geld. Flüsse an Furten zu durchqueren ist jedoch gefährlich. Der Hunger setzt dem Pilger zu und ständig muss er Angst vor Wegelagerern haben. Wenn die Türme der Kathedrale von Santiago de Compostela endlich am Horizont auftauchen, ist die Erleichterung groß. Endlich ist er am Ziel. Nun kann er die heilige Stätte betreten

Mont-Saint-Michel wurde zwischen dem 8. und 16. Jahrhundert vor der Küste der Normandie errichtet. Dieser Wallfahrtsort ist dem Schutzheiligen der Ritter geweiht. Seit dem 10. Jahrhundert lebten hier Benediktinermönche.

Von der Kirche verfolgt

„Angeklagter, erheben Sie sich! Dieses Gericht hält Sie des Verbrechens der Ketzerei für schuldig, denn Sie haben öffentlich Gott gelästert. Aus diesem Grund werden Sie zu einer Gefängnisstrafe verurteilt, um Buße zu tun." Die Kirche bestraft auch kleinste Abweichungen von der Regel, manchmal sogar mit dem Tod: Sie verfolgt unerbittlich alle so genannten „Ketzer".

Neue Irrlehren

Ab dem 11. Jahrhundert wenden sich immer mehr Christen enttäuscht von der Kirche ab und hinterfragen Teile der offiziellen Doktrin, die von Denkern zu Beginn des Christentums und von Bischöfen anlässlich der Konzile festgelegt wurde. Sie kritisieren den Reichtum der Kirche und die Hierarchie unter den Kirchendienern, weil die Botschaft Jesu dadurch verraten würde. Sie wollen ein reines Leben und treten für Armut und Barmherzigkeit ein. Die Kirche hält diese Abweichler für Ketzer. Ab 1020 tauchen sie in Frankreich, im Deutschen Reich und in der Lombardei auf. Ein Jahrhundert später bilden sie bereits große Gruppen.

Beim Konzil versammelt der Papst alle Bischöfe um sich. Das Konzil entscheidet über wichtige Fragen wie Kreuzzüge, Irrlehren, das Dogma (Glaubensgrundsätze), die Stellung der Kirche usw.

Armut als Ideal

Um 1170 lässt der reiche Kaufmann Petrus Waldus alles zurück und gründet die Bewegung „Arme von Lyon". Mit seinen Anhängern, den Waldensern, predigt er Armut und Buße. Die Kirche lässt jedoch nicht zu, dass Laien die Rolle der Geistlichen übernehmen (umso weniger, als auch Frauen unter ihnen sind) und exkommuniziert sie. Die Waldenser lehnen alles ab, was nicht im Evangelium steht, und vertreten immer radikalere Ansichten. Die Kirche verurteilt sie erneut und zwingt sie zur Flucht in den Untergrund. Die Waldenser sind vor allem in Südfrankreich, Italien und Mitteleuropa zu finden, wo sie bis ins 15. Jahrhundert aktiv sind.

Die Katharer

Die Bewegung der Katharer entsteht um 1150 in Italien, in Katalonien und im Languedoc, wo sie unter dem Schutz des Herzogs von Toulouse steht. Die Anhänger nennen sich je nach Ursprungsort Katharer oder Albigenser (nach der Stadt Albi). Ihr Ziel ist es, die Reinheit der ersten Christen zu erlangen. Ihrem Glauben nach gibt es in der Welt zwei entgegengesetzte Kräfte: das Gute und das Böse. Sie folgen dem Beispiel ihrer Geistlichen, zu denen Bischöfe und „gute Menschen" zählen, die predigen, die Kranken pflegen und von Almosen leben. Die Kirche bekämpft die Katharer noch unerbittlicher als die Waldenser. Um die Irrlehren auszulöschen, die die Einheit des Christentums bedrohen, ruft der Papst 1208 zum Kreuzzug gegen die Katharer auf. Ihre Vertreibung aus Carcassonne und das Massaker von Béziers 1209 sind Höhepunkte eines Krieges, der auch aus Gier nach neuen Ländereien geführt wird.

Die meisten Katharer werden im Kampf getötet oder lebend verbrannt. Hier werden die 1213 in Muret (Frankreich) von Simon de Montfort besiegten Albigenser als Gefangene abgeführt. Im Jahr 1244 fällt nach langer Belagerung die Festung von Montségur, die letzte Bastion der Katharer.

Opfer der Intoleranz

Die Juden werden zwar als Volk aus dem Alten Testament anerkannt, doch gleichzeitig für den Tod Jesu verantwortlich gemacht, den sie nicht als ihren Messias anerkennen wollen. Ab dem 12. Jahrhundert erleben sie in vielen europäischen Städten Schikanen: Sie dürfen nicht unter Christen leben, bestimmte Berufe nicht ausüben und z.B. während der Osterwoche ihr Haus nicht verlassen. 1290 werden sie aus England, 1394 aus Frankreich und 1492 aus Spanien vertrieben.

Gefängnis oder Scheiterhaufen

Um eine weitere Verbreitung der Irrlehren zu verhindern, setzt die Kirche auf die Gründung von Bettelorden wie die Orden der Dominikaner und der Franziskaner. Die Mönche kämpfen gegen die Ketzer, indem sie die Inquisition unterstützen. Dieses Gericht wurde 1231 vom Papst eigens für die Verfolgung und Verurteilung von Ketzern eingesetzt. Häufig presst man den Gefangenen mit Folter ein Geständnis ab. Wer sich weigert, landet auf dem Scheiterhaufen.

Gegen die Albigenser ziehen auch die Fürsten Nordfrankreichs unter der Führung von Simon de Montfort. Sogar der heilige Ludwig beteiligt sich daran. Die Abbildung zeigt, wie die Schrift des Dominikus auch nach dreimaliger Feuerprobe nicht verbrennt und die Albigenser bekehrt.

Dominikus (1170–1221) erkennt die Gefahr, die von den Katharern ausgeht. Er beschließt die Ketzer mit ihren eigenen Mitteln zu bekämpfen, indem er in Armut lebt und das Evangelium predigt.

Conques: eine romanische Kirche

„Es scheint, als streife die Welt ihre Lumpen ab und schmücke sich hier und da mit dem weißen Mantel einer Kirche." Das schreibt der Mönch Rudolf Glaber um 1050. In der christlichen Welt werden große Kirchen aus Stein zu Ehren Gottes gebaut. Die Romanik entsteht. Die neue Baukunst übernimmt römische Elemente und vereint auf großartige Weise Schlichtheit und Pracht.

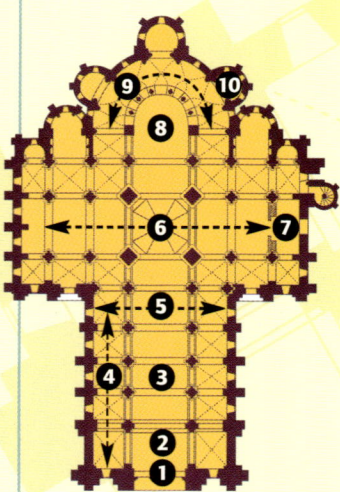

Grundriss: ① Portal ② Vorhalle ③ Mittelschiff ④ Seitenschiff ⑤ Joch (Gewölbefeld) ⑥ Querschiff ⑦ Seitenarm ⑧ Chor ⑨ Chorumgang ⑩ Kranzkapelle

Sobald die Pilger die beeindruckende Abtei von Conques erblicken, vergessen sie die Anstrengungen ihrer Reise und ihre Müdigkeit. Der Ort im Südosten Frankreichs ist ein wichtiger Halt auf dem Weg nach Santiago de Compostela (siehe S. 88–89). In ihr liegen die Reliquien der heiligen Fides und man unternimmt lange Reisen, um sie zu verehren. Wie alle Kirchen im Abendland weist das zwischen 1030 und 1080 erbaute Gebäude in Richtung Osten nach Jerusalem.

Die neue romanische Kunst

Die Kirche hat einen Grundriss in Form eines lateinischen Kreuzes. Im Mittelschiff versammeln sich die Gläubigen, das Querschiff ist von einem Glockenturm oder einfachen Turm überbaut. Charakteristisch für die neue romanische Baukunst ist die Apsis im hinteren Teil der Kirche. Sie besteht aus mehreren halbrunden Mauern, die jeweils ein eigenes Dach haben. In der Apsis liegt der Chorumgang, in dem die Pilger sich aufhalten, um den Reliquien nahe zu sein. Der Chor ist der heiligste Teil der Kirche, denn hier werden die Messen gefeiert.

Das **Mittelschiff** ist mit 20,70 m kürzer als das Querschiff (35 m).

250 Kapitelle schmücken den Innenraum der Abteikirche.

Säule: ① Kapitell
② Säulenschaft ③ Sockel

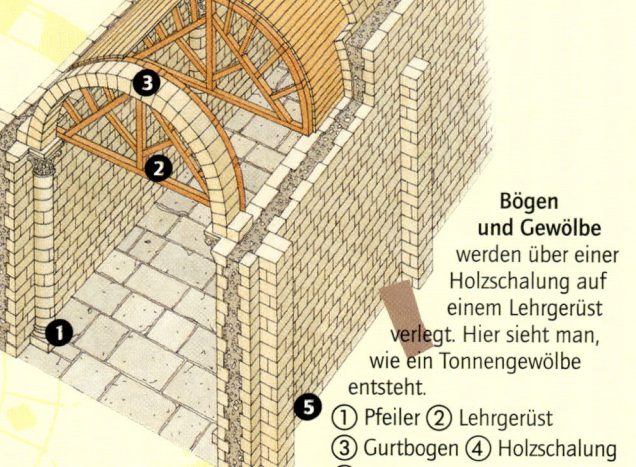

Bögen und Gewölbe werden über einer Holzschalung auf einem Lehrgerüst verlegt. Hier sieht man, wie ein Tonnengewölbe entsteht.
① Pfeiler ② Lehrgerüst
③ Gurtbogen ④ Holzschalung
⑤ Strebepfeiler

Gott nahe sein

Die Gläubigen betreten die Kirche durch das Portal. Bereits die Steinfiguren im Giebelfeld (Tympanon) laden zur nachdenklichen Betrachtung ein *(siehe S. 76–77)*: Die Szene zeigt das Jüngste Gericht. Christus thront in der Mitte, zu seiner Rechten ist das Paradies, zu seiner Linken das Fegefeuer dargestellt. Die hohen Gewölbe, die auf mächtigen Säulen ruhen, verleihen dem Raum erhabene Würde. Die Baumeister verzichteten auf einen Dachstuhl aus Holz, der leicht brennt. Sie bauten stattdessen aus Stein halbrunde Tonnengewölbe und stützten sie durch Gurtbögen ab, die auf starken Mauern aufliegen. Kleine Fensteröffnungen sorgen für gedämpftes Licht, das die Kapitelle der Säulen beleuchtet. Die reich verzierten und farbig angemalten Steinmetzarbeiten zeigen Pflanzen, Fabelwesen und biblische Szenen.

Die heilige Fides

Der Reliquienschrein, der ein Schädelstück der Heiligen enthält, ist der wertvollste Kirchenschatz von Conques. Die Statue entstand im 10. Jahrhundert nach dem Vorbild eines Kaisers oder römischen Gottes. Sie wurde bis ins 19. Jahrhundert dank Schenkungen von Gläubigen immer wieder mit neuen Kostbarkeiten versehen: Sie erhielt z. B. ein Diadem, Ohrringe, Edelsteine und ein Fenster auf der Brust, durch das man die Reliquie sehen kann.

Der Bau einer Kathedrale

Im Frühling erwacht die Baustelle, die den Winter über ruhte, wieder zum Leben. Bereits im Morgengrauen beginnt das Hämmern und Schlagen im Herzen der Stadt. Die Steinmetze und Zimmermänner sind ebenso fleißig bei der Arbeit wie die Tagelöhner und die Maurer. Bald wird hier eine Kathedrale in die Höhe wachsen.

Für den Bau einer Kathedrale benötigt man große Mengen Stein. Man kann die Steine der abgerissenen alten Kirche wiederverwenden, doch das genügt nicht. In nahe gelegenen Steinbrüchen muss man daher Kalkstein schlagen und auf Ochsenkarren in die Stadt bringen. Der weiche und dichte Kalkstein ist für die Steinmetzarbeiten am besten geeignet.

Mit den Werkzeugen, die der Schmied vor Ort herstellt, bearbeiten die Steinmetze die Steine mithilfe von Schablonen. Sie wurden getreu den mit Winkeldreieck und Zirkel angefertigten Skizzen gemacht. Wenn die Steine die richtige Form haben, werden sie poliert; Steine für Blendmauern werden nur auf einer Seite poliert. Am Ende kennzeichnen die Steinmetze den Stein für die Maurer, die ganz in der Nähe arbeiten. Die Maurer setzen die Steine, die ihnen von einem Heer von Hilfskräften in Körben oder Kiepen gebracht werden, einzeln aufeinander. Nachdem die Mauer sorgfältig vermessen und ausgerichtet wurde, werden die Steine mit Mörtel aneinander gefügt. Das Anmischen des Mörtels ist eine Arbeit, die häufig Frauen übernehmen. Sobald die Mauern in die Höhe wachsen, müssen die Arbeiter auf Holzgerüsten arbeiten. Das erfordert viel Geschicklichkeit. Es gibt alle Arten von Geräten zum Heben der Lasten wie Hebelkräne und Seilzüge. Doch auch hierbei ist viel Muskelkraft gefragt. Für die Holzgerüste und die Gerätschaften wird auf der Baustelle viel Holz verbraucht. Wenn das harte Eichenholz knapp wird, müssen die Zimmermänner neue Holzkonstruktionen aus Streben und Balken entwickeln.

Wer arbeitet hier?

Steinmetze, Maurer, Zimmermänner und Schmiede sind die Handwerker, die unter der Anleitung des Baumeisters arbeiten. Sie wandern von einer Baustelle zur nächsten und bieten ihre Dienste an. Sie sind frei und unabhängig, verhandeln hart um ihren Lohn und streiken notfalls auch. Die Wasserträger, Mörtelmischer und anderen Hilfskräfte kommen aus der Stadt oder der Umgebung. Sie sind Tagelöhner.

Die Gotik

Im Jahr 1141 feiern fünf Erzbischöfe und vierzehn Bischöfe die erste Messe im Chor der Abtei von Saint-Denis. Abt Suger kann seine Genugtuung kaum verbergen. Dank seiner Beharrlichkeit wurde aus einem Traum Wirklichkeit. Die Spitzbögen und Gewölbe, die sich dem Himmel entgegenrecken, sind Ausdruck einer neuen Kunstform: Es beginnt die Zeit der gotischen Kathedralen.

Gotische Statuen stellen die göttliche Welt auf neue Weise dar: Die einschüchternden Statuen der Romanik machen den heiteren und milden Figuren der Gotik Platz.

Rekord!

Mit einer Fläche von 7700 m² hält die Kathedrale von Amiens den Größenrekord. In ihr finden 10 000 Gläubige Platz.

Französische Kunst

Die Gotik entsteht im 12. Jahrhundert, als das Christentum in voller Blüte steht. Es ist eine französische Kunst, sie entwickelt sich vor allem im Kernland der Krone um Paris. In jener Zeit werden die Kathedrale von Sens (1130–1164), die Abtei von Saint-Denis, Notre-Dame von Paris (1163–1200) und weitere Kirchen in Senlis, Noyon, Tournai, Laon und Arras gebaut. Die neue Baukunst verbreitet sich auch in den anderen Regionen Frankreichs und wird mit den örtlichen Traditionen vereint. Bald ist die Gotik im ganzen Abendland bekannt. Sie beeinflusst auch die Bauweise der Klöster, Spitäler, Burgen und Türme. Die italienischen Künstler der Renaissance bezeichnen diese Werke des Mittelalters später abschätzig als „gotisch". Sie spielen damit auf die Barbaren (Goten) an, die Italien im 5. Jahrhundert einnahmen.

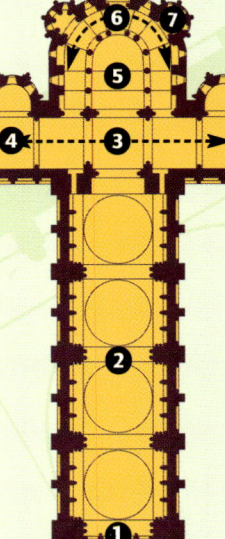

Grundriss
1. Portal
2. Mittelschiff
3. Querschiff
4. Seitenarm
5. Chor
6. Chorumgang
7. Kranzkapelle

Die Kathedrale von Reims ist verschwenderisch ausgeschmückt. Ihre Fassade mit hunderten von Statuen ist ein Wunderwerk der Steinmetzkunst.

Immer höher

Der gotische Stil im Kathedralbau bringt zwei Neuerungen: das Kreuzrippengewölbe und den Strebebogen. Das Kreuzrippengewölbe ⑤, mit dem im 12. Jahrhundert in Norditalien und England (Durham) erste Erfahrungen gesammelt wurden, setzt sich im Umland von Paris als Kunstform durch, wobei der gesamte Kirchenraum und die Seitenschiffe mit Kreuzrippengewölben überbaut werden. Bei dieser Gewölbeart wird der Gewölbeschub auf die vier Pfeiler ⑥ gelenkt. Dies ermöglicht höhere und größere Bauten. Die Erfindung des Strebebogens um 1180 öffnet die Tore zu noch kühneren Bauten. Der Gewölbeschub wird nun nach außen auf die Bögen gelenkt. Ihre stützende Wirkung lässt zu, dass die Bauten sehr hoch gezogen und mit großen Fensteröffnungen versehen werden können. In gotischen Bauwerken scheint daher alles nach oben zu streben. Ende des 13. Jahrhunderts verwendet man diese Bauweise auch für Herrensitze und Burgen außerhalb der Städte.

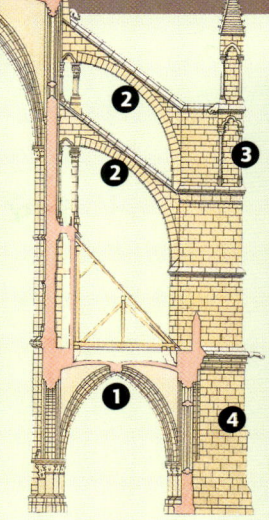

Schnitt
① Kreuzrippengewölbe
② Strebebogen
③ Widerlager
④ Äußere Strebepfeiler
▨ Verstärkungen zum Abstützen der Last

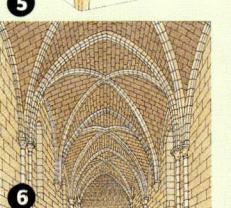

Es geht nicht nur darum, möglichst große, sondern vielmehr möglichst hohe Kirchen zu bauen. Die Kathedrale von Paris ist 32 m hoch, die von Beauvais erreicht 48 m, doch sie stürzt 1284 ein! Hier abgebildet ist Notre-Dame von Amiens (42 m).

Viele Bilder

Wie in der romanischen Kunst soll der Kirchenschmuck den Gläubigen das Wort Gottes näher bringen und sie beeindrucken. Es werden Szenen aus dem Alten Testament, den Evangelien und aus dem Leben der Heiligen dargestellt. Die Skulpturen werden zunehmend von ihrem Hintergrund aus Stein an den Wänden oder über dem Portal losgelöst. Die heiteren und lächelnden Statuen sind mit lebhaften Farben bemalt. Die Fenster sind wahre Farbwunder. Unzählige farbige Glasstücke werden mit Blei zusammengefügt und schmücken große Fensterfronten oder Rosetten mit ihrer üppigen Farbenpracht. Das farbige Glas verleiht dem einfallenden Licht eine geheimnisvolle Leuchtkraft.

Das Glas für die Kirchenfenster ist ein Schmelzprodukt aus Sand und Pottasche aus Buchen und Farn. Die Mischung wird bei 1500 °C geschmolzen und mit natürlichen Farbstoffen gefärbt, bevor das Glas zugeschnitten wird. Anschließend wird es von einem Glasmaler bemalt.

Prachtvolle Kunstwerke

Seit Monaten beugt sich der junge Wilhelm über seine Werkbank und hämmert und feilt still vor sich hin. In der Werkstatt des Goldschmiedemeisters, bei dem er in die Lehre geht, legt er letzte Hand an sein Meisterstück. Es ist eine goldene Statue der Jungfrau Maria, die sein Geschick und sein Talent unter Beweis stellen soll. Wie alle Kunsthandwerker, die Glas, Elfenbein, Holz oder Email bearbeiten, arbeitet auch Wilhelm im Auftrag der Kirche.

Wandteppiche

Die Teppiche der Weber schmücken die Mauern der Kirchen und der Häuser der Reichen. Für einen Teppich spannt der Weber die wollenen Kettfäden auf seinen Webstuhl und rollt sie auf großen Spulen auf. Mit einem Schiffchen schiebt er den Schussfaden aus Wolle, farbiger Seide oder vergoldetem Silber zwischen den Kettfäden hin und her. Nach und nach entsteht auf seinem Webstuhl das Motiv, das auf einer Skizze vorgezeichnet ist. Für seine Arbeit braucht der Weber viel Geduld und Beharrlichkeit. An einem großen Wandteppich zum Beispiel arbeiten einige dutzend Weber mehrere Jahre lang.

Glasmalerei

Nachdem das Glas hergestellt und zugeschnitten wurde, ist der Glasmaler an der Reihe. Er trägt mehrere Schichten einer braunen oder schwarzen Farbe auf. Mit der Grisaille-Technik, der Grau-in-Grau-Malerei, arbeitet er Gesichter, Kleidung und Pflanzenmotive heraus. Mit einem dickeren Strich umrandet er die Motive oder verleiht den Gemälden mit leichteren Strichen Tiefe. Mit jedem Pinselstrich wirkt das Bild, das im späteren Chorfenster zu bestaunen sein wird, lebendiger.

Gold- und Silberschmiede

Für die Herstellung von Schmuck, Trinkelchen und vor allem religiösen Gegenständen (Kreuz, Kerzenhalter oder Krummstab) schmelzen oder hämmern die Goldschmiede Edelmetalle wie Gold und Silber. Sie formen Reliefs, feilen und gravieren Muster oder schmücken ihr Werk mit Filigranen (eingearbeitete Metalldrähte).

Wunderbares Email

Email verleiht den Werken der Goldschmiede schillernde Farben. Es wird aus geringen Mengen farbigen Pulvers gewonnen, das im Ofen geschmolzen wird. Der Glasfluss haftet an Metall und wird beim Erkalten hart. Das ausgehärtete Email glänzt und ist je nach Verfahren durchscheinend oder undurchsichtig. Vor dem Emaillieren muss der Untergrund aus Gold oder Kupfer je nach angewandter Technik sorgfältig vorbereitet werden.

Elfenbeinschnitzer

Elfenbein ist ebenso wertvoll wie Gold. Nur die kostbarsten Dinge werden daher aus edlem Elfenbein geschnitzt. Der zerbrechliche und seltene Werkstoff stammt von Walrosshauern, Wildschweinhauern oder Narwalhörnern. Die Stoßzähne der Elefanten sind besonders begehrt, da sie bis zu 2 m lang sind. Elfenbein wird ähnlich wie Holz geschnitzt. Der Elfenbeinschnitzer fertigt kleine Statuen, Bucheinbände, Schatullen, Schreibtafeln oder Spiegelkästchen an.

Tafelmalerei

Meistens malt der Künstler auf Holz. Tafelmalereien findet man vor allem in Kirchen in Form von Altaraufsätzen. Einen Altaraufsatz mit zwei Flügeln, die jeweils beidseitig bemalt sind, nennt man Diptychon; dreiteilige Flügelaltare heißen Triptychon. Für ihre Tafelbilder verwenden die Künstler Temperafarben. Sie werden aus gemahlenen Farbpigmenten hergestellt, die in Wasser aufgelöst und mit Ei vermischt werden. Da die Farben sehr schnell trocknen, muss man bei dieser Technik schnell arbeiten.

Ritter und Burgen

Zwischen 1000 und 1500 werden in Europa unzählige Burgen gebaut. Im Jahr 1100 gibt es in England bereits über 500! Vom lateinischen Wort *castrum* und dem deutschen *Burg* leiten sich zahlreiche Namen von Orten ab wie zum Beispiel Kastilien (Spanien), Salzburg (Österreich) oder Edinburgh (Schottland). Die mächtigen Burgen und das Rittertum beherrschen das Bild, das wir uns vom Mittelalter machen. Die Burg ist für Ritter von großer Bedeutung: Hier werden sie ausgebildet, hier versammeln sie sich im großen Saal, hier halten sie Gericht oder feiern. Innerhalb der Burgmauern leben auch die Familie des Burgherrn und sein Gesinde.

Burgen und Feudalismus

Nachdem der Normanne Robert Guiscard und seine Gefährten die Region Apulien in Süditalien erobert haben, lassen sie einen Holzturm errichten. Von hier aus überwachen sie das besetzte Gebiet. Der Turm ist Symbol ihrer Macht über das Land und seine Bewohner.

Im **Mittelalter** stand alle 30 km eine Burg.

Die Bauweise der Eroberer

Die Pfalz von Karl dem Großen in Aachen war nicht befestigt *(siehe S. 64–65)*. Da sie im Zentrum eines mächtigen Reiches stand, benötigte sie keine Verteidigungsanlagen. Um das Jahr 1000, als die ersten Burgen gebaut werden, hat sich die politische Situation verändert. Es herrschen unsichere Zeiten. In jedem Reich schwächen die Überfälle der Wikinger oder Araber die Macht des Königs. Die Herzogtümer sind von endlosen kriegerischen Auseinandersetzungen

zermürbt. In den umkämpften Gebieten und entlang der Grenzen gehört die Macht dem am besten bewaffneten Krieger, der sich durchsetzen und anderen Schutz gewähren kann. Wie bei Robert Guiscard in Italien ist die Burg sein Machtsymbol.

Treueeid

Mit den Burgen verändert sich nicht nur das Landschaftsbild, auch die Gesellschaft wird neu geordnet. Der Feudalismus entsteht. Der Begriff kommt von Lateinisch *feudum*, was Lehen bedeutet. Ein Lehen (von leihen) ist ein Stück Land oder eine Summe Geld, die ein Herr (Herzog oder Graf) einem untergebenen Ritter überlässt; dafür wird der Ritter zu seinem Vasall.

Burgen ziehen Handwerker und Bauern an. Aus kleinen Siedlungen am Fuß der Burgen entstehen Dörfer und Städte.

Der Herzog ist selbst auch ein Vasall: Er schwört dem König seine Treue. Nur der König legt keinen Eid ab; er ist Herrscher von Gottes Gnaden.

Dank des Lehens kann der Vasall seinen Lebensunterhalt bestreiten und sich eine Ausrüstung als Ritter zulegen. Er steht unter dem Schutz seines Lehnsherrn und verspricht ihm dafür seine Gefolgschaft. Der Eid wird während einer feierlichen Belehnungszeremonie geleistet. Der Vasall legt seine Hände in die des Lehnsherrn und schwört ihm vor Gott Treue. Ab dem 9. Jahrhundert werden die Lehen von den Vätern an die Söhne vererbt. Nach dem Tod des Vasallen legt der Sohn beim Lehnsherrn seinen Eid ab und behält die geerbten Güter.

Gegenseitige Verpflichtungen

Der Vasall schuldet dem Lehnsherrn 40 Tage im Jahr Kriegsdienst. Er muss an den Ratsversammlungen teilnehmen, die sein Herr einberuft, und ihm zur Seite sitzen, wenn er Gericht hält. Er muss auch Geld für Kriegszüge leisten oder Lösegeld bezahlen, wenn sein Herr in Gefangenschaft gerät.

In ganz Europa

Der Feudalismus ist nicht in allen Regionen Europas auf die gleiche Weise organisiert. In Aquitanien und in der Auvergne, wo viele Ritter Land besitzen, leisten die Ritter Eide für gegenseitigen Beistand, die nicht an ein Lehen gebunden sind. Im Deutschen Reich ist der Kaiser noch sehr mächtig und hat zahlreiche Kronvasallen, die von ihm abhängig sind. In Italien leben viele Ritter in Städten und haben keine Ländereien. Die spanischen Könige, die nach und nach die Halbinsel von den Mauren zurückerobern *(siehe S. 176–177)*, überlassen ihren besten Vasallen Burgen in umkämpften Grenzgebieten und ziehen auch die Stadtbewohner zum Kriegsdienst heran. Der Lehnsherr seinerseits hilft dem Vasall bei Problemen und übernimmt häufig die Erziehung seiner Kinder auf der Burg.

Der Vasall muss gegebenenfalls an Heerfahrten teilnehmen. Bis zu 40 Tage im Jahr muss er unbezahlt dienen, danach muss der Lehnsherr den Vasall entlohnen.

Besuch auf der Burg

Die Burg von Fougères in der Bretagne ist eine der größten Burganlagen Europas. Sie ist gleichzeitig Herrensitz und Standort einer Garnison. Sie spielte eine wichtige Rolle in der Verteidigung der Bretagne gegen Normannen und Franzosen.

Auf einer felsigen Halbinsel inmitten von Sumpfland erhebt sich die Holzburg des Grafen Raoul II. von Fougères. Sie wird 1166 vom englischen König Heinrich II. Plantagenet *(siehe S. 160)* in Brand gesteckt. 1173 wird sie aus Stein wieder aufgebaut. Im Lauf der Jahrhunderte gibt es auf der Burg viele Umbauten. 1532 kommt die Bretagne durch Heirat zu Frankreich und die Burg verliert ihre militärische Bedeutung.

Hoch oben auf dem Felsen wird um 1173 mit dem Bau eines riesigen Bergfrieds ① von 20 m Durchmesser begonnen; vermutlich wurde der Bau nie abgeschlossen. Zunächst dient der Gobelin-Turm ② als Bergfried, anschließend der benachbarte Melusine-Turm ③. In diesem Turm gibt es beheizbare Räume mit Kamin. Das Erdgeschoss hat weder Türen noch Fenster und dient als Kerker oder Vorratsraum. Beide Türme bewachen die Ausfallpforte oder Poterne ④, die von einer Zugbrücke verschlossen wird.

Den Burghof ⑤ umgibt ein Festungswall, dessen Brustwehr mit Zinnen ⑥ bewehrt ist. Im Jahr 1480 werden der Surienne-Turm ⑦ und der Raoul-Turm ⑧ erbaut, die den ersten Kanonen Widerstand leisten sollen. Die extrem dicken Mauern haben Schießscharten für Kanonen und der Wehrgang ist mit Pechnasen ⑨ versehen, von denen aus siedendes Pech auf die Angreifer geschüttet wird. Im Norden wachen der Coigny-Turm ⑩ und der Guibé-Turm ⑪. Im Südosten liegen die herrschaftlichen Wohngemächer ⑫

und der große Saal. Direkt daneben ist die Kapelle ⑬. Hinter den Wohngemächern steht der rechteckige Cadran-Turm ⑭, der mit Hurden ⑮ überbaut ist. Die Löcher in den Bodenplanken dieses hölzernen Wehrgangs sind die Vorgänger der Pechnasen. Man betritt die Burg durch das Burgtor im La Haye-Saint-Hilaire-Turm ⑯. Seit dem 13. Jahrhundert wird er von zwei runden Türmen flankiert, die mit Schießscharten ⑰ ausgestattet sind. Im 14. Jahrhundert erhält der Hallay-Turm ⑱ nachträglich Pechnasen.

Burgen im Wandel der Zeit

Jede der tausenden von Burgen in Europa sieht anders aus. Die örtlichen Gegebenheiten, der Burgherr und der Baumeister entscheiden über das Aussehen einer Burg. Drei Funktionen muss jedoch jede Burg erfüllen: Sie ist Machtsymbol des Herrn, Verteidigungsanlage für das Umland und Wohnsitz vieler Menschen.

Turmhügelburgen

Um 950 entstehen die ersten befestigten Anlagen auf Erdhügeln, die bis zu 20 m hoch aufgeschüttet werden. Der Hügel ist von einer Palisade und einem trockenen oder mit Wasser gefüllten Graben umgeben. Auf dem Hügel steht ein Turm innerhalb einer zweiten Palisade. Häufig wohnt der Herr in einem bequemeren Haus in der Vorburg.

Wehrburgen

Ende des 12. Jahrhunderts entwickeln die Baumeister des französischen Königs Philipp August runde Wehrtürme. Sie haben große Vorteile: Für den Bau braucht man weniger Baumaterial, sie können nicht so leicht von Belagerungsmaschinen zerstört werden und man kann die Umgebung besser überwachen. Der Bergfried ist nicht mehr bewohnt und häufig mit einem eigenen Mauerring befestigt.

Turmburgen

Die Ende des 10. Jahrhunderts errichteten Turmburgen aus Stein von Langeais und Doué-la-Fontaine (Frankreich) gehören zu den ältesten Burgen im Abendland. Vor allem in Westfrankreich und in England stehen viele dieser rechteckigen Turmburgen; ein Beispiel ist die Burg von Rochester *(siehe oben)*. In den mächtigen Steingebäuden sind der große Saal und die Wohngemächer untergebracht.

Burgen ohne Bergfried

Die Burg von Harlech *(rechts)* ist eine der mächtigen Festungen, die der englische König Eduard I. zwischen 1280 und 1295 errichten lässt. Seine Burgen besitzen keinen Bergfried mehr, dafür aber einen doppelten Mauerring. Der innere Ring ist höher als der äußere, sodass von zwei Ebenen aus geschossen werden kann. Auch in Aquitanien und im Mittelmeerraum gibt es Burgen ohne Bergfried, wie die in Tarascon *(unten)*.

Schlösser

Der Hochadel und der König finden mit der Zeit immer mehr Gefallen an Luxus. Ihre Schlösser besitzen riesige, Licht durchflutete Säle und großzügige Gemächer, in die man über Galerien und Treppentürme gelangt. So lässt Ludwig von Orléans um 1396 zum Beispiel die Burg von Pierrefonds (Frankreich) errichten, die sehr komfortabel und dennoch stark befestigt ist. Sie wurde im 19. Jahrhundert restauriert.

Unsichere Zeiten

Die Burg von Karlstein *(oben)* wird zwischen 1348 und 1367 unter Karl IV., dem König von Böhmen und späteren deutschen Kaiser, errichtet. Im mächtigen Bergfried liegt in Zeiten der Krisen und der Pest der Schatz des Reiches. In Westeuropa wütet in jener Zeit der Hundertjährige Krieg *(siehe S. 166–167)* und es gibt wieder mehr bewohnte Bergfriede wie der von Vincennes, der dem König von Frankreich als Zuflucht dient.

Die Ausbildung zum Ritter

Als Wilhelm 1155 in die Normandie geschickt wird, ist er zehn Jahre alt. Auf der Burg des Grafen von Tancarville soll er zum Ritter ausgebildet werden. Der aus England kommende Wilhelm muss sich in einer völlig neuen Umgebung zurechtfinden. Vielleicht wird er seine Familie nie wiedersehen ...

Die Lektionen des Waffenmeisters

Mit Wilhelm lernen 30 weitere Jungen unter Aufsicht des Waffenmeisters, wie man ein Schwert führt und die Lanze gebraucht, die im 12. Jahrhundert zur wichtigsten Waffe wird. Der Kampf auf dem Rücken der Pferde erfordert großes Geschick. Der Ritter muss nicht nur die schweren Waffen handhaben, sondern auch sein Pferd lenken. Ein guter Kämpfer muss auch Kälte, Angst und Schmerz aushalten können. Die Ausbildung zum Ritter ist sehr hart.

Die Schwertleite

An Pfingsten im Jahr 1167 erhalten Wilhelm und seine Gefährten den Ritterschlag (Schwertleite). Nach der feierlichen Überreichung von Schwert und Sporen gehören sie nun zur Elite der Armee: Sie sind Ritter!

Die Zeremonie der Schwertleite (13. Jahrhundert)

Bad oder Schlag

In den Beschreibungen von Schwertleiten erwähnen mehrere mittelalterliche Autoren den Ritterschlag: Der Herr berührt den vor ihm knieenden Ritter mit dem Schwert an der Schulter. In anderen Berichten ist die Rede von einer mit Gebeten durchwachten Nacht, einem reinigenden Bad oder der Segnung durch einen Priester. Die Zeremonie der Schwertleite veränderte sich ständig.

Am Tag der Schwertleite erhalten manche Ritter ein Schlachtross, auch Streitross genannt. Ein Knappe wird es später an der rechten Hand auf den Kampfplatz führen.

Lösegeld

Im Jahr 1170 begleitet Wilhelm Königin Eleonore nach Poitou. Er gerät in einen Hinterhalt rebellierender Adliger, wird gefangen genommen und verletzt und wäre fast an seiner Verwundung gestorben. Doch die Königin, die seinen Mut bewundert, zahlt ein Lösegeld. Nicht alle Ritter haben so viel Glück: Manche bleiben bis an ihr Lebensende Gefangene, da kein Lösegeld gezahlt werden kann.

Im 11. Jahrhundert gab es noch keine Zeremonie der Schwertleite. Der zukünftige Ritter erhielt lediglich seine Waffen. Ungefähr ab 1150 wird die Schwertleite zu einem religiösen Ritual, das von Region zu Region verschieden vollzogen wird. Die Zeremonie selbst ist nun wesentlich kostspieliger, sodass bald nur noch junge, reiche Adlige sie sich leisten können.

Nach dem Ritterschlag

Wilhelm ist nun ein Ritter, doch er besitzt nichts außer seinem Kampfesmut. Er muss einen Herrn finden, der ihn in sein Gefolge aufnehmen will. Der Herr gibt ihm ein Lehen *(siehe S. 102)* oder eine Ehefrau, die eine

Burg besitzt. Einige seiner Gefährten werden die Ländereien ihrer Väter erben. Da Wilhelm nicht der älteste Sohn ist, hat er nur ein kleines Erbe. Im Jahr 1170 weckt seine Geschicklichkeit die Aufmerksamkeit des Königs von England, Heinrich II. *(siehe S. 160)*, der ihn für die militärische Ausbildung seines Sohnes Heinrich des Jüngeren verpflichtet. Nach dem Tod des jungen Königs geht Wilhelm von 1187 bis 1189 auf Kreuzzug. Erst Richard Löwenherz, der 1189 König von England wird, gibt ihm, was er schon immer wollte: eine schöne Burg und eine adlige Braut mit 56 Lehen!

Schon als Kind wird ein Ritter auf seine Rolle vorbereitet und bleibt ihr sein Leben lang treu. Auf seinem Grabmal wird er mit Rüstung und Schwert dargestellt.

Waffen und Rüstungen

Die Metallarbeiter stellen Eisen her, die Schmiede hämmern und härten das Metall, die Waffenschmiede fertigen die Kettenhemden *(siehe rechts)* und Schwerter. Wieder andere Handwerker reparieren beschädigte Rüstungen oder schärfen stumpfe Waffen. Die Ausrüstung ist der ganze Stolz des Ritters.

Die Lanze

Die Lanze wird von den Rittern zu Pferd als Stoßwaffe benutzt. Ab dem 12. Jahrhundert hält der Ritter sie waagerecht auf Achselhöhe, damit er präzise zielen kann. Die Geschwindigkeit des Pferdes verleiht dem Stoß seine Schlagkraft. Im 14. Jahrhundert ist die Lanze 3,50 m lang und wiegt 15 kg!

Die Armbrust

Bogen und Armbrust sind gefährliche Schusswaffen. Ein aus 150 m Entfernung abgeschossener Bolzen (Armbrustpfeil) durchschlägt ein Kettenhemd. Doch das Nachladen und Spannen der Armbrust mit der Kurbel braucht Zeit. Ein guter Armbrustschütze kann pro Minute einen Pfeil abschießen.

Das Schwert

Bis ins 12. Jahrhundert ist das Schwert so schwer, dass der Ritter es mit beiden Händen schwingen muss. Das Schwert hat eine doppelschneidige Klinge und dient als Hieb- und Stichwaffe. Später werden die Klingen schärfer und durchdringen sogar Kettenhemden. Ein Ritter behält sein Schwert ein Leben lang. Es ist wertvoller als ein Streitross.

Das Kettenhemd

Als die Ritter im 12. Jahrhundert mehr mit Lanzen kämpfen, muss die Rüstung verstärkt werden: Das Kettenhemd aus einem dichten Geflecht von Eisenringen wiegt ungefähr 15 kg. Für ein einziges Kettenhemd braucht man über 100 Arbeitsstunden. Zur Ausrüstung gehören auch Kapuze und Beinzeug aus Ketten, ein Waffenrock mit dem Wappen des Ritters und ein zylinderförmiger Helm.

Der Schuppenpanzer

Im 10. und 11. Jahrhundert tragen die Kämpfer einen Schuppenpanzer. Das mit Metallplättchen bestückte Lederwams ist etwa knielang und hat eine Kapuze. Stirn und Nase werden von einem kegelförmigen Helm mit Nasenband geschützt.

Eine extrem teure Rüstung

Herzog Karl von Orléans (1394–1465) ließ sich einen Stahlharnisch zum Preis von 83 Pfund, 7 Schilling und 6 Denar machen. Wenn man bedenkt, dass 1 Pfund 240 Denar sind und 1 Schilling 12 Denar, dann kostete der Harnisch 10 Jahresgehälter eines Handwerkers!

Der Harnisch

Ab dem 14. Jahrhundert trägt man über dem Kettenhemd verschiedene Plattenteile aus Metall wie Brust- und Schulterpanzer. Daraus entwickelt sich später die komplette Plattenrüstung mit beweglichen Teilen, der so genannte Harnisch. Um 1430 kommt der Visierhelm in Mode. Das Gesichtsteil dieses leichten Helms ist hochklappbar.

Der Schild

Ab dem 11. Jahrhundert wird der unten spitz zulaufende Schild immer kleiner, da ein großer Schild den Reiter behindert und dieser aufgrund der verbesserten Rüstung ohnehin geschützt ist. Die Fußsoldaten haben Rundschilde, die Bogenschützen verbergen sich hinter großen Setzschilden, die sie hinstellen können.

Ritterturniere

Der Ritter in seiner schimmernden Rüstung stürmt in vollem Galopp auf seinen Gegner zu. Ein junges Fräulein betrachtet ihn verzückt … So oder so ähnlich stellen wir uns Ritterturniere vor. Mit der Realität hat dies freilich wenig zu tun.

Das Wappen mit den sechs goldenen Löwen auf blauem Grund von Gottfried Plantagenet (1113–1151), dem Vater von König Heinrich II., ist das älteste bekannte Wappen.

Im 15. Jahrhundert tragen die Kämpfer spezielle Turnierrüstungen, die an Schultern und Ellbogen verstärkt sind und den Aufprall der Lanzen abschwächen sollen. Trotz dieser Verbesserungen kommt es immer wieder zu Unfällen.

Geschicklichkeit und Kraft

Kriegsspiele sind eine ideale Vorbereitung auf den Krieg. Die Kämpfer können während der Spiele ihre Kampftechniken üben und erproben. Ab 1050 erfreuen sich Ritterturniere großer Beliebtheit. Die brutalen Spiele kommen zur gleichen Zeit wie der Kampf mit der Lanze auf. Junge Ritter von nah und fern versammeln sich auf den Turnieren und kämpfen in Mannschaften gegeneinander. Die Mannschaft siegt, die den Gegner in die Flucht schlägt oder ihn gefangen nimmt.

Kampftage und Feiertage

Das Kampfgelände ist in der Regel ziemlich groß, manchmal gehören auch die Straßen eines Ortes, ein Hügel oder ein kleiner Wald dazu.

Am ersten Tag laufen die Vorbereitungen: Die Lager werden errichtet, die Kettenhemden geölt usw. Am zweiten Tag fordert man den Gegner heraus. Es finden kleinere Kämpfe statt, die einen Vorgeschmack auf das große Turnier geben. Der dritte Tag ist der Tag des Kampfgetümmels mit Hinterhalten und Überfällen aller Art. Der Kampf hat große Ähnlichkeit mit einem echten Krieg, allerdings gibt es Pausen für Mensch und Tier. Nach dem Kampf versöhnen sich die beiden Lager wieder: Sieger und Besiegte versammeln sich zu einem großen Festgelage.

Kampf der Dreißig

Während eines Krieges organisieren die Ritter der verfeindeten Lager manchmal Turniere, bei denen sie mit scharfen Waffen echte Kämpfe austragen. Im März 1351 schlagen französische Ritter während des Erbfolgekrieges in der Bretagne ihren englischen Gegnern einen Kampf vor, in dem 30 Ritter aus jedem Lager gegeneinander kämpfen. Die Franzosen gewinnen, es gibt 15 Tote.

Siegerlohn

Nach dem Turnier kaufen Händler den Rittern die gewonnenen Rüstungen und Pferde ab. Die Sieger erhalten auch schöne Stoffe, edle Weine oder Schmuck. Ein besonderer Glückspilz war Arnulf von Dammartin, der 1084 auf einem Turnier die Hand von Gertrud erwarb, der Tochter des reichen Herrn von Alost, die von seiner Tapferkeit sehr beeindruckt war.

Weniger Blutvergießen

Nachdem 1186 der Sohn des englischen Königs Heinrich II. Plantagenet (siehe S. 160) auf einem Turnier stirbt, werden Turniere in England verboten. Die englischen Ritter ziehen daher in Scharen auf den Kontinent, wo auch weiterhin Turniere ausgetragen werden. Die Kirche versucht ab 1130 vergeblich, die brutalen Spiele zu unterbinden, doch erst ab dem 13. Jahrhundert werden die Spiele weniger gefähr-

lich. Die Spitzen der Waffen werden mit Holz verkleidet und der Kampfplatz wird kleiner. Auf einem von Palisaden gesäumten Platz treten jeweils zwei Gegner gegeneinander an. Sie kämpfen nach strengen Regeln.

Farben und Wappen

Als der geschlossene Helm um 1120 die Identität der Kämpfer verbirgt, führt man Wappen als Erkennungszeichen ein. Dank der Farben und Motive auf dem Schild und dem Waffenrock weiß man immer, wer einem gegenübersteht. Die Wappen werden vom Vater an den Sohn weitergegeben. Im späten Mittelalter gibt es so viele Wappen, dass die Herolde, die bei den Turnieren als Schiedsrichter und Zeremonienmeister auftreten, Wappenbücher anlegen.

Als Vorbereitung auf ein Turnier üben die Ritter mit der Stechpuppe Geschicklichkeit und Schnelligkeit. Jeder Teilnehmer hat fünf Versuche. Der Ritter muss die sich drehende Puppe mit seiner Lanze treffen und sich schnellstmöglich entfernen, um dem Hieb der Keule auszuweichen.

Die Kreuzzüge

„Es ist Gottes Wille!" Dieser Ruf schallt durch das Abendland, nachdem Papst Urban II. die Christen am 27. November 1095 aufforderte, die muslimischen Seldschuken aus dem Heiligen Land zu vertreiben. In den folgenden Jahren ziehen viele Christen zu Fuß, mit Pferden oder mit Schiffen nach Jerusalem.

Seit dem 4. Jahrhundert ist Jerusalem ein wichtiger Wallfahrtsort der Christen. Ab dem 11. Jahrhundert ist die Region jedoch von Seldschuken besetzt, die den Pilgern den Zugang zu den heiligen Stätten (Jerusalem, Bethlehem und Nazareth) verwehren. Das ist der Anlass für den 1. Kreuzzug, dem in den nächsten zwei Jahrhunderten weitere folgen.

Gottfried von Bouillon — Raimund von Toulouse — Bohemund von Tarent

1096–1099: Der 1. Kreuzzug
Unter der Führung des Predigers Peter von Amiens ziehen auf dem 1. Kreuzzug ab 1096 einfache Christen nach Jerusalem. Die Kreuzfahrer werden von den Türken sehr schnell aufgerieben. Mehrere Gruppen von Rittern, die auf Abenteuer aus sind, ein Vermögen machen wollen oder von ihrem Glauben angetrieben werden, nehmen Edessa, Antiochia und 1099 Jerusalem mit brutaler Gewalt ein (siehe oben). Es entstehen einige Kreuzfahrerstaaten (siehe S. 116–117).

1147–1149: Der 2. Kreuzzug
Nachdem die Seldschuken Edessa zurückerobert haben, ruft Bernhard von Clairvaux (siehe links) zum 2. Kreuzzug auf, den Ludwig VII. (König von Frankreich) und Konrad III. (deutscher König) anführen. Er endet in einer schweren Niederlage: 20 000 Kreuzfahrer sterben.

Ludwig VII. — Konrad III.

Kartenlegende: ■ Muslimische Staaten ■ Kreuzfahrerstaaten

1189-1192: Der 3. Kreuzzug

Im Jahr 1187 fällt Jerusalem in die Hände von Saladin, dem Sultan von Ägypten und Syrien *(siehe links)*. Friedrich I. Barbarossa (deutscher Kaiser) folgt dem Ruf des Papstes als Erster und erreicht Kleinasien, wo er ertrinkt. Philipp II. August (König von Frankreich) und Richard Löwenherz (König von England) kommen auf dem Seeweg ins Heilige Land. Sie befreien Akko, können Jerusalem aber nicht zurückerobern.

■ Friedrich I. Barbarossa   ■ Philipp II. August
■ Richard Löwenherz

1202-1204: Der 4. Kreuzzug

Der 4. Kreuzzug wird von den Venezianern nach Konstantinopel umgeleitet, ihrem größten Rivalen im Mittelmeerhandel. Ihr

■ Bonifatius von Montferrat   ■ Johann von Brienne

Manöver endet mit der Plünderung Konstantinopels durch die Kreuzfahrer 1204 *(siehe rechts)*. 1219 nehmen Kreuzfahrer Damiette ein, aber ein Nilhochwasser zwingt sie, die Stadt aufzugeben. Der erhoffte Tausch Damiettes gegen Jerusalem scheitert.

1228-1229: Der 5. Kreuzzug

Diese Expedition wird von Friedrich II., dem deutschen Stauferkaiser, angeführt. Nachdem er vom Papst wegen seiner Bewunderung für den Islam und seiner Skepsis gegenüber der christlichen Religion exkommuniziert wurde, organisiert er einen eigenen Kreuzzug. Er setzt auf Frieden, nicht auf Krieg. Er verhandelt mit dem Sultan von Ägypten *(siehe links)* und erreicht 1229 für alle Christen freien Zugang zu den heiligen Stätten.

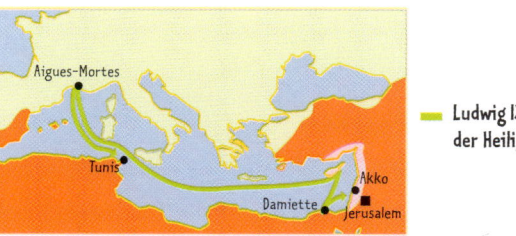

■ Ludwig IX. der Heilige

1248-1254 und 1270: Die letzten Kreuzzüge

Die Wiedereroberung Jerusalems durch die Türken 1244 löst den 6. Kreuzzug aus. Die vom französischen König Ludwig IX. dem Heiligen angeführte Expedition scheitert. Ludwig gerät 1250 in Gefangenschaft. Gegen ein hohes Lösegeld kommt er wieder frei. 1270 zieht er erneut nach Ägypten. Am 25. August 1270 stirbt er in Tunis an der Pest *(siehe rechts)*.

■ Friedrich II.

Im Heiligen Land

Die mächtige Kreuzfahrerfestung Krak des Chevaliers gehört dem Johanniterorden und steht nicht jedem offen. In einer langen Schlange steigen die Ankömmlinge langsam die Rampe hoch, sodass die zahlreichen Wachen sie erkennen können. Man will keine bösen Überraschungen!

Krak des Chevaliers im heutigen Syrien

Sich verteidigen

Dank eines dichten Netzes befestigter Anlagen wie der Festung Krak des Chevaliers behaupten sich die Kreuzfahrer 200 Jahre lang im Heiligen Land. Aufgabe der zahlenmäßig unterlegenen Kreuzfahrer ist es, die auf den ersten Kreuzzügen eroberten Kreuzfahrerstaaten gegen die Muslime zu verteidigen und die Pilger zu beschützen, die ins Heilige Land reisen. Diese christliche Pflicht wird von Ordensrittern wie den Johannitern und den Tempelrittern übernommen. Dank wichtiger Privilegien und im Abendland gesammelter Spenden stellen sie eine jederzeit kampfbereite Truppe und bewachen die Kreuzfahrerburgen an den Grenzen und den Pilgerstraßen.

Johanniter und Tempelritter unterscheiden sich nur durch die Farbe ihrer Mäntel und des Kreuzes darauf: Die Johanniter tragen ein weißes Kreuz auf schwarzem, die Tempelritter ein rotes auf weißem Grund.

Johanniter und Tempelritter

Johanniter und Tempelritter leben wie Mönche nach einer Ordensregel, kämpfen jedoch wie Krieger. Im Jahr 1119 gründet Hugo von Payens den „Orden der armen Ritter Christi", der später in Templerorden umbenannt wird, da das Ordenshaus nahe des Jerusalemer Tempelbergs liegt. Im Jahr 1312 wird der sehr reiche und einflussreiche Orden aufgelöst. Die Johanniter bleiben nach dem Untergang der Kreuzfahrerstaaten im Heiligen Land. Erst 1530 verlegen sie ihren Sitz nach Malta und nennen sich Malteser.

Die Kreuzfahrerstaaten

In den Kreuzfahrerstaaten kann die Krone auch an Frauen vererbt werden. Graf Fulko von Anjou wird zum Beispiel im Jahr 1131 König von Jerusalem, indem er Melisande heiratet, die Tochter König Balduins II. von Jerusalem.

Sich organisieren

1099 gründen die Kreuzfahrer vier Staaten im Heiligen Land: die Grafschaften Edessa und Tripolis, das Fürstentum Antiochia und das Königreich Jerusalem. Die Staaten sind wie das jeweilige Mutterland aufgebaut. Wie Frankreich wird Jerusalem von einem König regiert, der sich auf den Feudalismus *(siehe S. 102–103)* stützt. Doch in keinem der Staaten sind die Machtverhältnisse gefestigt. Streit um die Thronfolge, der Wunsch nach Unabhängigkeit der Fürsten und Grafen und die wachsende Macht der Ritterorden schwächen sie, vor allem da ab 1150 die Muslime versuchen die verlorenen Gebiete zurückzuerobern. 1291 verlieren die Kreuzfahrer die Stadt Akko. Damit geht die Epoche der Kreuzfahrerstaaten zu Ende.

Zwischen zwei Kriegszügen kann es vorkommen, dass Krieger aus rivalisierenden Lagern sich gemeinsam die Zeit vertreiben. Hier spielen ein Muslim und ein Jude eine Partie Schach.

Gemeinsam leben

In den christlichen Kreuzfahrerstaaten leben viele Kulturen und Gemeinschaften nebeneinander: Siedler aus dem Deutschen Reich, Frankreich, Italien oder Ungarn, Muslime, Juden und christliche Syrer. Aus diesen Kontakten entsteht ein reger Austausch zwischen Abend- und Morgenland. Die italienischen Seefahrer und Händler nutzen die Gunst der Stunde und verdienen ein Vermögen mit dem Transport von Pilgern, Kreuzfahrern und Waren (Seidenstoffe, Teppiche, Parfüme, Gewürze, Datteln usw.). Die erfolgreichen Kaufleute beherrschen den Handel in Küstenstädten wie Akko, Jaffa oder Askalon. Über diese Handelsbeziehungen gelangen der in China erfundene Kompass, das Astrolabium, die arabischen Ziffern und die orientalische Lebensart ins Abendland.

Das Leben am Hof

Der Troubadour Bertran de Born (1140–1210), der gleichzeitig Herr von Hautefort (Frankreich) ist, begrüßt mit Freuden die Rückkehr des Frühlings, als er einige bewaffnete Ritter über die Felder reiten sieht. Die Wintermonate waren lang und die Ritter hatten zu viel Müßiggang. Zum Glück konnte man sich die Zeit mit Jagden, Spielen und anderen Vergnügungen vertreiben.

Was ist ein Hof?

Das Wort „Hof" bezeichnet nicht nur den Platz im Innern einer Burg, sondern auch den Sitz des regierenden Herrn und die zu seinem Haushalt gehörenden Personen. Zum Hof eines Fürsten im 14. Jahrhundert können über 100 Personen gehören.

Troubadoure und Gaukler

Am Hof der Könige und Fürsten leben Troubadoure, Minnesänger und Gaukler, die auf der Burg für Unterhaltung sorgen. In den Häusern des niederen Adels wartet man darauf, dass eine Spielmannstruppe über das Land zieht, die mit Nachrichten, Liedern und Akrobatik alle begeistert. Die Gaukler sind sehr vielseitig: Sie sind Spaßmacher, Schauspieler und Akrobaten und können auch Gedichte vortragen. Einige Künstler schreiben Verse und komponieren Musik. In Frankreich nennt man sie Troubadoure, im Deutschen Reich Minnesänger. Auch adlige Herren wie Herzog Wilhelm IX. von Aquitanien (1070–1127) oder König Alfons X. von Kastilien (1221–1284) sind Troubadoure, doch sie leben nicht von ihrer Kunst.

Die Beizjagd ist eleganter als die Treibjagd; auch Frauen können daran teilnehmen. Ein abgerichteter Falke ist ebenso kostbar wie ein Streitross.

Eine neue Dichtung

Im 11. Jahrhundert dichten die Troubadoure und Minnesänger große Heldenlieder. In diesen Texten rühmen sie die Heldentaten der Ritter. Um 1100 entsteht am Hof des Troubadours Herzog Wilhelm IX. von Aquitanien eine neue Dichtung, die von Liebe handelt.

Spiele für jedermann

Während der langen Wintertage vertreibt man sich die Zeit mit Gesellschaftsspielen. Das im 12. Jahrhundert in Europa bekannt gewordene Schachspiel ist bei den Rittern sehr beliebt. Man kennt aber auch schon Mühle und eine Art Backgammon. Die Damen spielen lieber Mikado. Im 15. Jahrhundert kommen die ersten Kartenspiele in Mode.

In den Liedern der höfischen Liebe kämpft der Ritter in einem Turnier für die Liebe einer Dame. Die hohe Frau überreicht ihm vor dem Kampf seinen Helm und sein Schild.

Es geht aber nicht um die Liebe zwischen Ehepartnern – die Heirat war selten eine Herzensangelegenheit *(siehe S. 122–123)* –, sondern um die Gefühle eines jungen Ritters gegenüber einer hohen Dame, in der Regel der Gemahlin des Herrn. Dank dieser im Minnesang gerühmten Liebe lernt der Ritter Sanftmut und Geduld kennen und die Dame hilft ihm dabei, Treue und Verschwiegenheit zu entfalten. Das klingt zu schön, um wahr zu sein! Die Historiker fragen sich heute, ob es diese Liebe tatsächlich oder nur in der Dichtung gab.

Die Treibjagd ist ein roher Sport, an dem fast ausschließlich Männer teilnehmen.

Hof und Höflichkeit

Die besondere Liebesauffassung der neuen Dichtung nennt man „Minne" oder höfische Liebe, da sie sich an den Fürstenhöfen entwickelt. Im Jahr 1137 heiratet Eleonore Herzogin von Aquitanien, die Enkelin von Wilhelm IX., den König von Frankreich und führt in Paris die von ihr hoch geschätzte höfische Liebe ein. Nach ihrer zweiten Heirat wird sie 1152 zur Königin von England gekrönt. Auch am englischen Königshof umgibt sie sich mit Dichtern aus ihrer Heimat. Hier begegnen sich die höfische Liebe aus dem Süden und die keltischen Sagen Britanniens von Tristan und Isolde oder den Rittern der Tafelrunde *(siehe S. 120–121)*.

Ritterlegenden

Dank der Helden und der ehrenvollen Prinzipien entsteht ein Bild des Rittertums, das der Realität sehr fern ist. Ab dem 14. Jahrhundert spielen die Ritter auf den Schlachtfeldern nicht mehr die wichtigste Rolle, denn die Fußsoldaten und die Bogen- und Armbrustschützen gewinnen nach und nach die Oberhand. Doch der Mythos von den Rittern ohne Fehl und Tadel bleibt in ganz Europa weit verbreitet.

Roland der Mutige

Einer der ersten und bekanntesten Ritter der abendländischen Literatur ist Roland, der Neffe Karls des Großen, der in Roncesvalles starb *(siehe S. 61)*. Das Heldengedicht, das von dieser tragischen Episode berichtet, rühmt die Ehrenhaftigkeit Rolands und den Heldenmut, den er bis zu seinem Tod beweist. Tapferkeit und Ehre sind die Eigenschaften, die einen vorbildlichen Ritter ausmachen.

Der ideale Ritter

Um 1170 beschreibt der Dichter Chrétien de Troyes in *Lancelot* oder *Le Chevalier de la Charrette* das Ideal eines Ritters. Als Waise ist Lancelot ein Niemand ohne Namen oder Vermögen. Kurz nach seiner Ankunft am Hof des Königs Artus (einem legendären König Britanniens) wird er zum Ritter geschlagen und verliebt sich in Ginevra, die Gemahlin von Artus. Als die Königin von dem Verräter Meleagant entführt wird, kämpft Lancelot für die Ehre und die Freiheit seiner Geliebten. Er besteht die großartigsten Heldentaten und opfert der Minne sogar seine Ehre.

Im Dienste Gottes

Bereits ab den ersten Kreuzzügen gebietet die Ehre den Rittern, ihr Schwert in den Dienst Gottes zu stellen. Der Ritter wird auf diese Weise nach und nach zum Hüter der christlichen Gesellschaft. „Suche nach der Wahrheit, verteidige die Kirche, die Waisen, die Witwen und alle, die beten und arbeiten ..." Mit diesen Worten wendet sich ein Priester an einen jungen italienischen Ritter anlässlich seiner Schwertleite im 12. Jahrhundert.

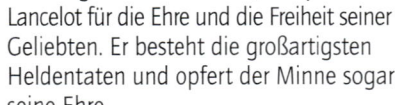

Die Suche nach dem Heiligen Gral

Zwischen den Rittern der Tafelrunde, die der Zauberer Merlin ins Leben rief, gibt es keine Standesunterschiede. Ein Platz an der Tafel ist für den Ritter reserviert, der den Heiligen Gral findet. Der Gral ist jener Kelch, den Jesus beim letzten Abendmahl benutzte und in dem dann das Blut gesammelt wurde, das er am Kreuz vergoß. In *Perceval* oder *Le Conte du Graal* von Chrétien de Troyes wird von der langen Suche Parzivals berichtet. Seine Abenteuer verarbeitet später auch Wolfram von Eschenbach in *Parzival*.

Gut gegen Böse

Der heilige Georg und der Erzengel Michael sind die Schutzheiligen der Ritter. Auf den meisten Darstellungen bekämpfen sie den Drachen, in dessen monströsem Körper alle bösen Kräfte des Teufels wohnen.

Eine unmögliche Liebe

Tristan soll die schöne Isolde aus Irland als Braut zu seinem Onkel, König Marke, bringen. Während der Überfahrt trinken die beiden jungen Leute versehentlich den für den König und seine zukünftige Gemahlin bestimmten Liebestrank. Von nun an verbindet sie eine unglückliche Liebe. Erst im Tod werden sie vereint sein können.

Ruhmreiche Hoforden

Um den arroganten und aufständischen Adel enger an sich zu binden, gründen die Könige so genannte Hoforden. Der Herzog von Burgund stiftet beispielsweise 1429 den Orden vom Goldenen Vlies, der König von England 1348 den Hosenbandorden. Die feierlichen Zeremonien, die kostbaren Gewänder und die prachtvollen Wappen dieser Orden verhelfen den darin aufgenommenen Rittern zu großem Ruhm.

Burgherrin und Edelfräulein

Zunächst ist die Heirat eine Vereinbarung zweier Familien; im 12. Jahrhundert wird sie zu einem Sakrament der Kirche. Die Kirche verlangt, dass beide Eheleute in die Heirat einwilligen, und verbietet, dass der Mann neben der Ehefrau noch Konkubinen haben darf.

Die Gräfin Ermessenda von Barcelona heiratet 992. An der Seite ihres Gemahls verwaltet sie die Grafschaft. Als sie 1017 Witwe wird, regiert sie mit der Unterstützung des katalonischen Adels weiter, hält Gerichtstage ab, lässt Festungen bauen und nimmt sogar an militärischen Feldzügen teil.

Sorge um den Nachwuchs

Im Mittelalter übergibt man das Neugeborene häufig einer Amme, weil aufgrund der langen Stillzeit (üblicherweise knapp zwei Jahre) die Geburt eines weiteren Kindes verzögert werden könnte. Da die Kindersterblichkeit sehr hoch ist, müssen die Frauen viele Kinder bekommen. Nur so können sie sicher sein, dass zumindest einige das Erwachsenenalter erreichen.

Ein schönes Leben?

Gerne würde man sich vorstellen, dass alle Burgherrinnen so viele Freiheiten und Macht besitzen wie Herzogin Ermessenda, doch diese selbstsichere Frau ist eine große Ausnahme. Die Kirche im Mittelalter betrachtet Frauen im Allgemeinen als schwache Personen, die der Teufel leicht in Versuchung führen kann. Frauen müssen heiraten oder in ein Kloster gehen. Die wichtigste Aufgabe der Frau ist die Geburt vieler Kinder. Unfruchtbarkeit ist für Frauen ein großes Unglück, denn dann werden sie verstoßen.

Schönheit

Zwischen 1100 und 1500 verändern sich Mode und Kleidung, doch die Schönheitsideale bleiben die gleichen: Eine Frau gilt als schön, wenn sie jung, schlank und blond ist. Die Frauen wenden daher viel Zeit für ihr Aussehen auf, färben sich die Haare, hellen ihre Haut auf und bleichen sich die Zähne. Der Arzt Henri de Mondeville verbreitet zu Beginn des 14. Jahrhunderts sogar Rezepte für ein jüngeres Aussehen.

Liebe und Heirat

Die Burgherrin, die mit etwa 14 Jahren geheiratet hat, ist häufig von edlerer Abstammung als ihr Gemahl. Viele Töchter werden mit Vasallen des Vaters als Lohn für deren Gefolgschaft verheiratet. Je reicher eine junge Braut ist, umso begehrter ist sie. Es kommt sogar vor, dass sie entführt wird oder Gegenstand einer Erpressung ist: Im Jahr 1080 entführt ein Ritter, der die Hand von Adele von Roucy will, ihren Vater und hält ihn so lange gefangen, bis er nachgibt. Für Liebe ist in den meisten Verbindungen nur wenig Platz. Es gibt aber dennoch Paare, die sich lieben und respektieren, wie Wilhelm der Eroberer und Herzogin Mathilde zwischen 1054 und 1083 oder Ludwig IX. und Margarete von Provence, die 1234 heiraten.

Viel Arbeit

Der Alltag einer Burgherrin ist stark vom Stand ihres Ehemannes abhängig. Eine Gräfin hat Verwalter, Oberaufseher und Gesinde, die sich um ihre Burgen kümmern. Sie überwacht und kontrolliert ihre Arbeit und vertreibt sich die restliche Zeit mit Lesen, Sticken und Musik. Die Frau eines einfachen Herrn muss sich dagegen um die Dienerschaft und das Küchenpersonal kümmern. Sie legt die Waschtage fest, lässt bei Bedarf Feuer in den Kaminen anzünden und überwacht die Web- und Näharbeiten. Daneben pflegt sie die Verletzten und bietet den Durchreisenden Gastfreundschaft. Zu ihren wichtigsten Pflichten gehört die Erziehung der Kinder: Die Jungen bleiben bis zum zehnten Lebensjahr bei der Mutter, die Töchter bis zur Heirat.

Von früher Kindheit an lernen die jungen Edelfräulein die Kunst des Stickens, Webens und Nähens.

Die französische Dichterin Christine de Pisan (1364-1430) kümmert sich um die Erziehung ihres Sohnes.

Im Burggarten

I m Mittelalter ist die Natur nie weit. Während die großen Wälder eine wilde und gefährliche Welt darstellen, gleicht der Burggarten mit seinen vielen duftenden Blumen einem Paradies auf Erden.

Die meisten Gärten sind in viereckigen Beeten angelegt, die von Rosmarinsträuchern oder miteinander verflochtenen Zweigen eingefasst sind. In den Beeten wachsen Blumen, Gemüse, Gewürze oder Heilkräuter. Von dieser Vielfalt werden viele Bienen angezogen, die anschließend guten Honig liefern. Honig ist bis ins 13. Jahrhundert das einzige Mittel zum Süßen der Speisen. In der Mitte des Gartens plätschert ein kleiner Brunnen, dessen klares Wasser Sinnbild für Jugend und Reinheit ist. Entlang der Mauern stehen Obstbäume, von denen man im Herbst Äpfel, Birnen oder Pflaumen ernten kann. In den Ästen zwitschern kleine Vögel und die Vögel der Burgherrin in ihren Volieren antworten mit ihrem Gesang.

Der von hohen Mauern umgebene Burggarten ist das Reich der Frauen. Hier können sie in Ruhe spazieren gehen, lesen oder musizieren, ohne den Blicken der Männer ausgesetzt zu sein. Glaubt man jedoch den Texten und Bildern aus dem Mittelalter, so gelingt es dem Verehrer häufig, seine Angebetete im Burggarten zu treffen. Zwischen den Zweigen der Bäume oder im Schatten einer Laube wird wohl so mancher Kuss oder Liebesschwur ausgetauscht worden sein!

Gartenratgeber

Während die Männer auf die Jagd gehen, widmen sich die Frauen mit viel Hingabe der Gartenarbeit. Zu Beginn des 14. Jahrhunderts verfasst Pierre de Crescens ein Buch in Latein, in dem er Zucht und Pflege von über 120 Pflanzen beschreibt. Sein Text wird schon bald ins Italienische, Deutsche und Französische übersetzt.

Festbankette und Tafelfreuden

Anlässlich besonderer Gelegenheiten lädt man auf die Burg zu großen Festbanketten ein. Der Burgherr verwöhnt seine Gäste mit üppigem Essen, legt sein schönstes Tafelgeschirr auf und trägt kostbare Kleider. Im Mittelalter misst man die Macht eines Herrn an seinen Reichtümern.

Auf dieser Darstellung eines Banketts (15. Jahrhundert) erkennt man einen Servierwagen für die Getränke. Es ist die Aufgabe des Mundschenks, den Wein aus dem Keller in Karaffen zu füllen und zu servieren.

Den Tisch decken

Eine auf Böcken aufliegende Platte mit einem weißen Tischtuch dient als Tisch. Als Teller benutzt man ein Brett aus Metall oder Holz, auf dem eine dicke Scheibe Brot liegt. Die Gäste legen darauf die Fleischstücke ab, die sie mit einer Gabel mit zwei Zinken von der Platte holen. Die Gabel zum Essen, die im 14. Jahrhundert in Spanien bereits bekannt ist, kommt in Frankreich erst in der Renaissance in Mode. Außerdem stehen auf dem Tisch noch Salzfässchen – das größte neben dem Burgherrn –, Zinnbecher und Holzkelche.

Dieses Messer gehörte dem Herzog von Burgund, Philipp dem Guten, der 1454 eines der großartigsten Festbankette des Mittelalters veranstaltete *(siehe S. 174–175)*.

Dieses seltsame Gefäß ist ein Aquamanile: Aus dem Hahn auf der Brust des Greifs fließt Wasser, das die Gäste zum Hände waschen in eine Schale füllen.

Saubere Hände

Da die Gäste mit den Händen essen – als gut erzogen gilt, wer mit nur drei Fingern isst –, wäscht man sich vor der Mahlzeit die Hände. Der Burgherr und seine um ihn versammelten Ehrengäste gehen mit gutem Beispiel voran. Die hohen Herren werden als Erste bedient und erhalten erlesenere Speisen als die Knappen am unteren Ende der Tafel. Es werden zahlreiche Speisen aufgetragen, doch jeder Gast isst nur von dem, was vor ihm steht, und kostet nicht von allem.

In der Küche herrscht rege Betriebsamkeit: Das Fleisch wird zerlegt, die Soßen werden angerührt, die Mandeln im Mörser zerstoßen ...

Der beste Platz

Die Redensart „einen langen Arm haben" bedeutet heute, dass man viel Macht und Einfluss hat. Ursprünglich sagte man dies über die Gäste an mittelalterlichen Tafeln, die in der Nähe des Burgherrn saßen und somit die erlesensten Speisen in ihrer Reichweite hatten.

Für die Gourmets

Am Ende der Mahlzeit wird ein mit Gewürzen und Honig abgeschmeckter Wein (Hippocras) serviert. Der Wein hat wenig Alkohol und kann nicht lange gelagert werden. Daher trinkt man ihn gleich im ersten Jahr. Während der Saison werden auch Früchte (Kirschen, Pflaumen, Melonen) aufgetragen. Im Winter gibt es nur Äpfel und Trockenfrüchte (Feigen und Pflaumen). Frische Waffeln, Pfannkuchen oder in Honig getauchte Nüsse versüßen den Abend.

Beliebte Speisen

Unter Karl dem Großen steht vor allem Wild hoch in der Gunst, später gelten Rind, Kalb und Lamm als hervorragende Speisen. Das Fleisch wird gekocht, gebraten oder gefüllt serviert. An einem Festtag sollte man kein Schweinefleisch auftragen lassen, da das Schwein sich vom Abfall im Hof ernährt. Ferkel oder Wildschwein sind dagegen höher geschätzt. Als besonders erlesene Speisen gelten alle Vögel (Schwan, Pfau, Reiher usw.), da sie weit oben am Himmel fliegen und Gott daher näher sind. Im Mittelalter hat alles eine Bedeutung, so auch die Ernährung!

Für die Menschen des Mittelalters ist der Pfau Sinnbild für Sonne und Unsterblichkeit der Seele. Er ist daher eine hoch geschätzte Speise.

Fremde Geschmacksrichtungen

Bei den Gästen sind Gewürze sehr beliebt. Da sie sehr teuer sind, mehrt es den Ruhm des Gastgebers, wenn er die Speisen mit möglichst vielen Gewürzen zubereiten lässt. Um 1349 verbraucht der Hof des Grafen der Dauphiné 1,18 kg Gewürze pro Person und pro Jahr. Das ist das 20fache unseres heutigen Konsums! Pfeffer, Zimt, Ingwer, Kardamom und Nelken verleihen den Gerichten einen Geschmack der fernen, weiten Welt. Einige der Gewürze sollen sogar im Paradies wachsen ...

Mittelalterliche Musik

Sobald Flöten, Harfen, Violen und Schellen erklingen, bewegen sich Tänzer anmutig vor den Zuschauern, die im Takt klatschen. In den Dörfern wird bei jedem Fest Musik gemacht, auf der Burg sorgt sie für Stimmung bei Banketten. In den Kirchen preist man Gott mit Musik, die in den hohen Gewölben widerhallt ...

Tamburin und Flöte

Mit diesen beiden sehr alten Instrumenten spielt man zum Tanz bei Dorffesten auf oder begleitet einen Bären, der auf dem Platz vor der Kathedrale seine Kunststücke zeigt. Während der Musiker in die Flöte bläst, schlägt er das Tamburin mit einem Stock: ein richtiges Ein-Mann-Orchester!

Das Rebec

Das Rebec ist der Vorgänger unserer Geige. Mit einem Bogen streicht man über Saiten, die am Instrumentenhals befestigt sind. Das Rebec spielt tiefe, melodiöse Töne. Der Troubadour kann das Rebec auf der Schulter oder auf seinem Knie auflegen.

C, D, E, F, G

Seit dem 6. Jahrhundert werden heilige Lieder, die so genannten „Gregorianischen Gesänge" zum Ruhme Gottes angestimmt. Benannt sind sie nach Papst Gregor I., dem Vater der Kirchenmusik. Dieser Chorgesang war noch einstimmig und klingt in unseren Ohren sehr eintönig. Die Mönche und Vorsänger lernen die Lieder durch Nachsingen. Um 1030 erfindet der italienische Mönch Guido von Arezzo eine Notenschrift für die Melodien. Als runde und eckige Zeichen trägt er die Töne auf einem Liniensystem ein und gibt ihnen Namen. Damit ist er der Begründer unserer heutigen Tonleiter.

Die Laute

Dieses Saiteninstrument kommt ursprünglich aus Arabien. Arabisch *alud* bedeutet „das Holz". Die Kreuzfahrer bringen die Laute nach Europa. Die Saiten der Laute werden mit einem Plektron angeschlagen; das ist ein kleines Plättchen aus Schildpatt oder Holz.

Das Psalterium

Der Musiker erzeugt melodische Töne, indem er mit einer Gänsefeder über die Saiten des Psalteriums streicht. Das Instrument gibt es in verschiedenen Ausführungen. Das Psalterium eignet sich gut zur Begleitung von Laute oder Viola (eine Art Rebec).

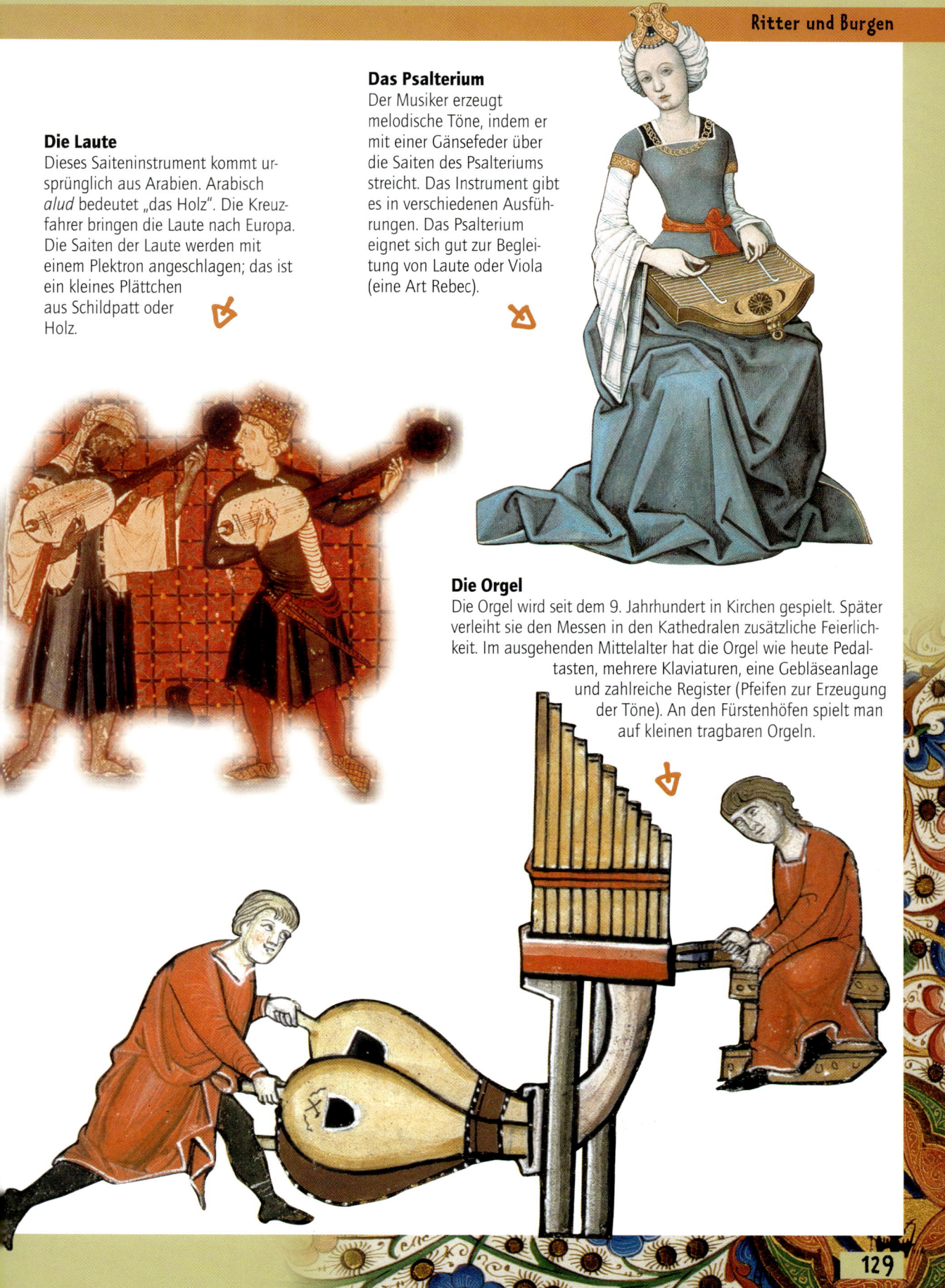

Die Orgel

Die Orgel wird seit dem 9. Jahrhundert in Kirchen gespielt. Später verleiht sie den Messen in den Kathedralen zusätzliche Feierlichkeit. Im ausgehenden Mittelalter hat die Orgel wie heute Pedaltasten, mehrere Klaviaturen, eine Gebläseanlage und zahlreiche Register (Pfeifen zur Erzeugung der Töne). An den Fürstenhöfen spielt man auf kleinen tragbaren Orgeln.

Stadt und Land

Seit dem Jahr 1000 entstehen viele neue Städte am Fuße der Burgen. Die Stadtbewohner werden weniger durch die Grundherren bevormundet als die Landbevölkerung. Viele Menschen zieht es in die Städte: Bauern auf der Suche nach einem besseren Leben, fremde Kaufleute, die auf den Märkten und Messen Handel treiben, und Studenten aus dem ganzen Land, die sich an den Universitäten einschreiben. Doch ohne das Umland und seine Bauern könnten die stolzen Städte hinter ihren Stadtmauern nicht überleben, denn von hier kommen Vieh, Korn, Obst, Gemüse, Wolle, Leder, Steine und Holz.

Ackerbau

Um das Jahr 1300 verbraucht ein Bürger von Frankfurt jedes Jahr im Durchschnitt 100 kg Fleisch; pro Einwohner rechnet man in Florenz mit 270 l Wein im Jahr, während jeder Mönch im Abendland eine Tagesration von 1 kg Brot bekommt. Diese Mengen an Lebensmitteln verdeutlichen, was die Bauern des Mittelalters leisten mussten.

Die Anbaufläche erweitern

Ab dem 11. Jahrhundert weisen die Grundherren ihre Bauern an, große Waldflächen zu roden. Auf den immer größeren und zahlreicheren Lichtungen entstehen Dörfer inmitten fruchtbarer Felder, die von Hecken umgeben sind. Als die umfangreichen Rodungsarbeiten im 13. Jahrhundert abgeschlossen sind, gibt es in England, im Deutschen Reich sowie in Nord- und Westfrankreich keine unberührten Gegenden mehr zu erobern.

Dreifelderwirtschaft

Um den Ertrag zu steigern, führen die Bauern die Dreifelderwirtschaft ein. Dabei liegt jedes Jahr ein Drittel der Anbaufläche brach (sie wird nicht bestellt). In einem anderen Drittel wird im Oktober Weizen gesät, im letzten Drittel werden im Frühjahr Hafer und Gerste gesät. Vor dem Pflügen des Bodens im Herbst werden die Stoppelfelder oft abgebrannt, da Asche den Boden düngt.

Das Pflügen

Der Scharpflug mit Rädern und Streichblech verbreitet sich ab dem 12. Jahrhundert in Nordeuropa. Er wird meist von einem oder zwei Ochsen gezogen, seltener von einem Pferd. Mit diesem Pflug wird der Boden tiefgründig gewendet und gelüftet. Mit der Egge zerkleinern die Bauern anschließend die Erdschollen. Ihre Zinken sind aus Holz, da Metall zu teuer ist.

Vom Feld in den Speicher

Im Juni ist Heuernte. Der Bauer schneidet das Heu mit der Sense. Das Getreide erntet er mit einer Sichel. Hierbei schneidet er die Stängel in der Mitte ab, das Stroh dient als Viehfutter. Die Ähren werden mit den Dreschflegeln gedroschen. Anschließend wird die Ernte in Kornspeichern gelagert. Trotz all dieser Anstrengungen ist der Ertrag nur mittelmäßig: Im besten Fall erntet man pro gesätem Korn 5 bis 6 Körner.

Weinlese

Die Weinstöcke stehen nahe der Dörfer an den sonnigsten Stellen. Die Weinlese ist wie die Getreideernte eine wichtige Zeit des Jahres, da es viel Arbeit gibt. Die Trauben werden abgeschnitten und in einer Bütte in die Weinkeller getragen. Dort stampfen die Bauern die Trauben vor dem Pressen mit den Füßen. Der Wein wird innerhalb eines Jahres verkauft, da man ihn nur schlecht lagern kann.

Viehzucht

Das Vieh weidet auf dem Brachland und am Wegesrand, da der Ackerbau nur wenig freie Fläche für Wiesen übrig lässt. In Italien und in der Provence hält man Schafe und Ziegen in den Strauchheiden. Im Sommer treiben die Bauern ihre Herden in die Berge zum Weiden; das nennt man Almauftrieb. Mit dem Heu werden hauptsächlich die Pferde der Herren gefüttert, für das übrige Vieh reicht es nicht. Daher schlachtet man einen Teil der Tiere im Herbst.

Nützliche Wälder

Die Wälder, in denen der Adel auf die Jagd geht, liefern den Bauern zahlreiche wichtige Nahrungsmittel. Selbst jagen dürfen sie ab dem 9. Jahrhundert nicht mehr, aber sie fangen dort heimlich Kleinwild (Rebhuhn, Hase usw.), sammeln Nüsse und Pilze sowie Eicheln zum Mästen der Schweine und holen abgestorbenes Holz zum Heizen. Nicht zuletzt findet der Köhler dort das Holz, aus dem er Holzkohle für die Schmiede macht.

Essen, Trinken und Feiern

Während Könige, Fürsten und Bischöfe bis zu 150 Tage im Jahr üppig schlemmen, begnügt sich die Landbevölkerung meist mit Brotsuppe. Doch auch die Bauern feiern im Laufe des Jahres ausgelassene Feste. In den verschiedenen Regionen Europas kommen spezielle Gerichte auf den Tisch!

Hungersnöte

Nach den letzten Hungersnöten zu Beginn des 11. Jahrhunderts können dank der Rodungen und der Vergrößerung der Anbauflächen alle Menschen in Europa satt werden. Doch die besser ernährte Bevölkerung wächst rascher als die landwirtschaftlichen Erträge ansteigen. Um 1300 sorgt ein kaltes und regnerisches Klima für Missernten: Im Deutschen Reich, in Frankreich und England kommt es zu neuen Hungersnöten.

Die Bauern Nordeuropas geben Pökelfleisch oder Rauchfleisch in ihren Eintopf aus Kraut, Karotten und Hülsenfrüchten, um ihn nahrhafter zu machen. Anfang Dezember wird um den Nikolaustag das Schwein geschlachtet. An diesem Tag feiert man mit der Familie und den Nachbarn und füllt das Salzfass mit den besten Stücken. Im Alltag begnügt man sich häufig mit Brot und einer Zwiebel oder einer Suppe. Im Deutschen Reich und in England ersetzt das aus Gerstensaft gebraute Bier manchmal die Suppe. An den Küsten isst man bis zu 20 kg Fisch pro Kopf im Jahr: Bücklinge in der Normandie, gepökelter Kabeljau in Portugal usw. In den südlichen Ländern können dank des milden Klimas Oliven und frische Früchte geerntet werden und aus Ziegenmilch macht man haltbaren Käse. Schweinefleisch und Brot sind dagegen knapper. Aus Maronen wird ein nahrhaftes Mehl gewonnen

und aus Hartweizen werden die italienischen Nudelwaren erzeugt. Hunger kann jedoch jederzeit drohen, was auch der Ablauf der traditionellen Feste verdeutlicht. Im Mai finden Flur- und Bittprozessionen statt, bei denen der Priester den Segen des Himmels erfleht. An Johanni Ende Juni schüren die Dorf-

bewohner Johannisfeuer. Nachdem das Feuer niedergebrannt ist, umtanzt man es und springt darüber: So hoch man springen kann, so hoch wächst der Flachs in diesem Jahr *(siehe oben)*. Bei den Erntedankfesten ist die Erleichterung schließlich groß, wenn die Ernte eingefahren ist.

Gut versorgt!

Im Jahr 1268 erhält ein junges Paar in der französischen Normandie an einem Tag, an dem es Frondienste leistet, von seinem Herrn ein üppiges Mahl: 2,250 kg Brot, 200 g Fleisch und 4 l Wein. Das ist keine Ausnahme: Um 1200 essen Erntearbeiter bei Toulouse mehrere Viertel Schwein, Schaf und Rind.

Herren und Bauern

„Bauer lebt wie ein Schwein dahin, hat für Anstand keinen Sinn. Wird er aber einmal reich, Unverstand zeigt er sogleich. Dörfler dürfen fett nicht werden, darben sollen sie auf Erden."

Dieses unbarmherzige Liedchen schrieb ein adliger Ritter im 12. Jahrhundert. Es zeigt, was manch ein Herr im Mittelalter über die Bauern denkt. Nicht alle teilen diese Meinung. In der gleichen Epoche zeigt der normannische Schriftsteller Wace Mitleid mit den Bauern: „Jeden Tag holt man ihr Vieh für Frondienste und andere Leistungen; es gibt so viele Beschwerden und Streitereien und neue und alte Steuern, dass sie keine Stunde Frieden haben können."

Ein gespanntes Verhältnis

Ein Dorf kann von mehreren Herren abhängig sein, von denen jeder eine Mühle, einige Morgen Wald und Ackerflächen besitzt. Das Verhältnis zwischen Grundherr und Dorfbewohnern ist häufig konfliktreich. Obwohl es ein mündliches oder schriftliches Gewohnheitsrecht gibt, in dem die Rechte und Pflichten des Einzelnen verzeichnet sind, beuten die Herren die Landbevölkerung zum Teil gnadenlos aus.

Die Herren überlassen die Verwaltung ihres Grundbesitzes häufig einem Meier, der für ihn den Pachtzins eintreibt. Viele unehrliche Meier bereichern sich auf Kosten der Bauern.

Viele Abgaben

Die meisten Bauern sind Pächter einer so genannten Hufe. Zu einer Hufe gehören Haus, Hof, Acker- und Wiesenland. Sie bezahlen eine Pacht, indem sie ihrem Herrn einen festgesetzten Betrag, den Pachtzins, übergeben oder einen Teil ihrer Ernte, den so genannten Zehnt, abgeben.

Die Bauern

Die wenigen Bauern, die Grund und Boden besitzen, sind so genannte Freie. Die meisten von ihnen leben in Südeuropa. Die Leibeigenen und Hörigen dagegen sind nicht frei. Sie dürfen das Land nicht ohne Erlaubnis ihres Herrn verlassen, dürfen nicht frei über ihre Güter verfügen und müssen Abgaben zahlen. Ab dem 12. Jahrhundert lassen die Grundherren immer mehr Leibeigene gegen Geld frei. Im Spätmittelalter gibt es immer mehr wohlhabende Landmänner. Diese Bauern besitzen Ochsengespanne, die sie an andere Bauern verleihen. Vielen gelingt es Land zu kaufen und einen bescheidenen Wohlstand aufzubauen.

In einem Taubenschlag leben tausende von Tauben, die sich auf den Felder im Umland ihre Nahrung suchen. Doch das Fleisch dieser Tiere, ihre Eier und der Vogelmist, der ein kostbarer Dünger ist, sind allein dem Herrn vorbehalten.

Im Dorf gibt es auch Handwerker. Der Schmied beispielsweise arbeitet häufig für den Grundherrn, dessen Pferde er beschlägt und dessen Rüstung er repariert.

Die Bauern müssen zusätzlich für ihren Schutz bezahlen. Damit sie bei Kriegen in der Burg des Herrn Zuflucht suchen können, leisten sie dem Herrn als Gegenleistung Frondienste. Dazu gehört der Bau von Straßen, die Reinigung des Burggrabens, die Instandhaltung der Mauern usw. Hohe Herren besitzen zusätzlich das Bannrecht, das es ihnen erlaubt, Gericht zu halten, Strafen zu erlassen und Wegezoll an Straßen oder Abgaben für Märkte zu erheben. Auch für die Benutzung der Mühle, der Presse oder der Schmiede des Herrn müssen die Bauern Abgaben zahlen (zum Beispiel den Mahlzins).

Das Schicksal der Aufständischen

In schlechten Jahren, wenn die Bauern hungern, kommt es zu Unruhen und manchmal brechen Bauernaufstände aus wie 1358 um Paris und 1381 in England. Diese Revolten werden von den Rittern jedes Mal niedergeschlagen; sie verteidigen die Interessen des Herrn mit roher Gewalt. Im 11. Jahrhundert werden den Anführern der Aufständischen in der Normandie Hände und Füße abgehackt. Die verstümmelten Männer können nun keine Arbeiten mehr verrichten und müssen sich zu den Bettlern vor den Toren der Stadt gesellen.

Um Bauern auf neuem Land anzusiedeln, gründen manche Herren Dörfer (Bastiden), in denen sie den Bewohnern mehr Freiheit gewähren. Hier die 1284 gegründete Bastide Monpazier in Frankreich.

In der Mühle

Die Mühlen unter den Bögen der Grand Pont an der Seine sind nur mit dem Boot zugänglich.

Im Jahr 1177 werden drei große Staudämme in der Garonne gebaut. Dieses Mammutunternehmen beschäftigt unzählige Zimmerleute und Maurer. Die Staudämme werden für leistungsfähige Mühlen gebraucht, die die Stadt Toulouse für Bäckereien und Werkstätten errichten will.

Großer Fortschritt

Ab dem 11. Jahrhundert lassen die Grundherren, Äbte und Ratsherren an den Flüssen Wassermühlen errichten, die die alten, von Tieren oder Menschen angetriebenen Mahlwerke ersetzen. Im 14. Jahrhundert besitzt Paris 68 Wassermühlen, die unter den Brückenbögen oder auf im Fluss festgemachten Schiffen errichtet wurden. Entlang der Steilküsten wie in der Bretagne nutzt man mit Gezeitenmühlen das Kommen und Gehen des Wassers.

Wasserkraft

Die neuen Wassermühlen bedeuten eine große Arbeitserleichterung für die Menschen. Mit Wasserkraft wird Korn zu Mehl gemahlen, Nüsse und Oliven werden zur Ölgewinnung gepresst und Stoffe für die Papierherstellung klein gehackt. Die meisten Mühlen bestehen aus einem Mühlrad, an dem Schaufeln aus Holz befestigt sind. Der Strömung im Fluss

Mehldiebe

Zwischen 1087 und 1100 überfällt der Herr von Moncontour die Bauern der benachbarten Abtei, die ihr Korn in die Mühle bringen. Er wird angeklagt und der Abt erreicht, dass er seine Überfälle im Bereich der Mühle einstellen muss. Doch der Räuber und seine bewaffneten Männer lauern den Bauern weiterhin auf den Straßen im Umland auf und rauben ihre wertvollen Mehlsäcke.

treibt die Schaufeln und das Rad an. Dank eines ausgeklügelten Systems von Zahnrädern und Antriebswellen wird die Bewegung auf die Mahlsteine übertragen, die das Korn zermahlen.

Damit der Wasserzulauf regelmäßig ist, wird das Mühlrad nicht direkt in den Fluss gebaut, sondern an einen kleinen Kanal namens Mühlbach oder Gerinne.

Am Ende der Hauptantriebswelle des großen Schaufelrads ① dreht sich das Kammrad ② mit waagerechten Zähnen, die in die Rillen eines Bunklers ③ greifen und damit das Mahlwerk antreiben. Es besteht aus zwei Teilen: einem unbeweglichen Mahlstein namens Bodenstein ④ und einem beweglichen Mahlstein namens Läuferstein ⑤. Das zwischen die beiden Steine geschüttete Korn wird nach außen getragen, wo es immer feiner zermahlen wird, bis es als Mehl in die Mehlkiste ⑥ fällt.

Als Symbol von Reichtum und Macht darf die Mühle niemals still stehen. In unsicheren Zeiten wird sie stark befestigt. Die Mühle von Barbaste in Frankreich wurde ab 1308 befestigt. Sie gehörte den Herren von Albret.

Der Müller

Der Müller hat immer viel zu tun: Er muss die Mechanik in Stand halten, die Mahlsteine abnehmen und reinigen, regelmäßig Körner nachschütten usw. Trotz seines großen Wissens hat er einen schlechten Ruf, denn er hat die Gewalt über die Maße zum Abfüllen der Mehlsäcke und er steht im Verdacht, seine Kunden zu bestehlen. Als Gebühr behält er einen Teil des Mehls und erhebt im Auftrag des Herrn den Mahlzins (etwa ein Sechzehntel der gemahlenen Menge). In Frankreich wird das Bannrecht der Grundherren und damit der Mühlenzwang erst 1789 im Zuge der Französischen Revolution abgeschafft.

Windmühlen

Während Wassermühlen alle Arten von Maschinen antreiben (wie den Blasebalg einer großen Schmiede), hat die Windmühle nur eine Funktion: Korn mahlen. Die im Morgenland im 7. Jahrhundert erfundene Windmühle taucht ab dem 12. Jahrhundert im windigen Flachland oder auf Hochebenen in Europa auf. Der Wind treibt die mit Tuch bespannten, kreuzförmig angeordneten Flügel der Mühle an. Im Innern werden die Mahlsteine mit dem gleichen System wie bei der Wassermühle angetrieben.

Es gibt zwei Arten von Windmühlen: Ein Steinturm mit einem drehbaren Dach oder eine drehbare Bockmühle, deren Mühlenhaus aus Holz sich nach dem Wind ausrichten lässt *(siehe links)*.

Zu Wasser und zu Land

Seit Tagen ziehen die Händler mit ihrer schwer beladenen Eselkarawane über schlammige und zerfurchte Straßen. Wenn nach einer Wegbiegung endlich die Mauern der Stadt in Sicht kommen, in der sie Zwischenstation machen wollen, ist die Erleichterung groß. Doch sie sind noch nicht am Ziel ihrer Reise!

Verbessertes Wegenetz

Im Laufe der Jahre wird Reisen weniger beschwerlich. Zwischen Burgen und Klöstern entstehen neue Straßen, an denen Herbergen liegen. Sie bieten ein Bett für die Nacht und Essen. Furten in den Flüssen werden ausgewiesen oder Brücken gebaut. Im Jahr 1237 wird am Sankt-Gotthard-Pass in den Alpen eine Hängebrücke gespannt, wodurch der kürzeste Weg zwischen Deutschland und Italien für alle passierbar wird.

Die im 14. Jahrhundert errichtete Brücke Valentré

Gemächliches Tempo

Während die schnellsten Kuriere mit sorgfältig beschlagenen Pferden über 15 Meilen (rund 100 km) am Tag zurücklegen, schaffen die schweren, von vier Ochsen gezogenen Karren gerade mal 5 Meilen. Im 13. Jahrhundert reist man langsam. Die Reisenden ziehen auf dem Rücken von Eseln oder Pferden über Hügel und durch schmale Täler. Mit einem Karren muss man die alten Römerstraßen oder die neu gepflasterten Straßen der Landesherren benutzen.

Die Hausierer ziehen über die Straßen von Dorf zu Dorf und tragen auf ihrem Rücken alle möglichen Schätze bei sich: Bänder, Schnürsenkel, Heilkräuter usw. Sie bringen auch die neuesten Nachrichten.

Im 13. Jahrhundert durch Europa reisen

Gemäß einem Vertrag zwischen einem Händler aus der Stadt Piacenza (Italien) und einem Transportunternehmer braucht man mit Eseln 22 Tage, um 12 Ballen Tuch und Stoffe von Troyes nach Nîmes zu bringen. Ein Händler benötigt 25 bis 30 Tage von Venedig nach Brügge, wenn er durch Süddeutschland reist. Von Bayonne nach Brügge braucht man einen Monat.

Wasserwege

Die Händler des Mittelalters, die schwere und sperrige Güter transportieren, reisen überwiegend auf den Wasserwegen, denn das Reisen auf Flüssen spart Kraft und Geld. Schiffe mit flachen Rümpfen, die von Ruderern angetrieben oder von Pferden und Ochsen vom Ufer aus stromaufwärts gezogen werden, befahren alle schiffbaren Ströme Europas. Der Po ist der Hauptverkehrsweg Norditaliens. Die Rhone verbindet Süd- und Nordeuropa. Die Seine macht Paris und Rouen reich, der Rhein Köln. In Flandern verbindet ab dem 12. Jahrhundert ein Kanalnetz die großen Zentren des Tuchhandels.

Widrigkeiten und Gefahren

Neben den schlechten Straßen, die sich in unpassierbare Schlammlöcher verwandeln, erwarten die Reisenden noch andere Unwägbarkeiten. Wenn der Landesherr auf seinem Land nicht für ausreichenden Schutz der Reisenden sorgt, muss man mit Wegelagerern rechnen, die den Reisenden auflauern und sie ausrauben. Bei Einbruch der Nacht müssen sie eine Unterkunft finden oder um Gastfreundschaft bitten. Außerdem werden an Brücken und Furten Wegezölle fällig, die der jeweilige Landesherr erhebt. Das macht Reisen zu einer teuren Angelegenheit.

Die Seine ist eine wichtige Handelsstraße, auf der große Mengen Waren transportiert werden. Dies trägt zum Reichtum von Paris bei, wo sich Binnenschiffer, Träger und Händler an den Ufern des Flusses niederlassen.

Die mittelalterliche Stadt

Die Städte mit ihren Zünften, ihrem Wohlstand und ihren schützenden Mauern locken viele Menschen an, die auf der Suche nach einem besseren Leben sind. 1120 kommen einige Wagemutige von Spanien nach Toulouse und um 1160 lassen sich slawische Händler in Lübeck nieder, doch die meisten Stadtbewohner kommen aus dem Umland.

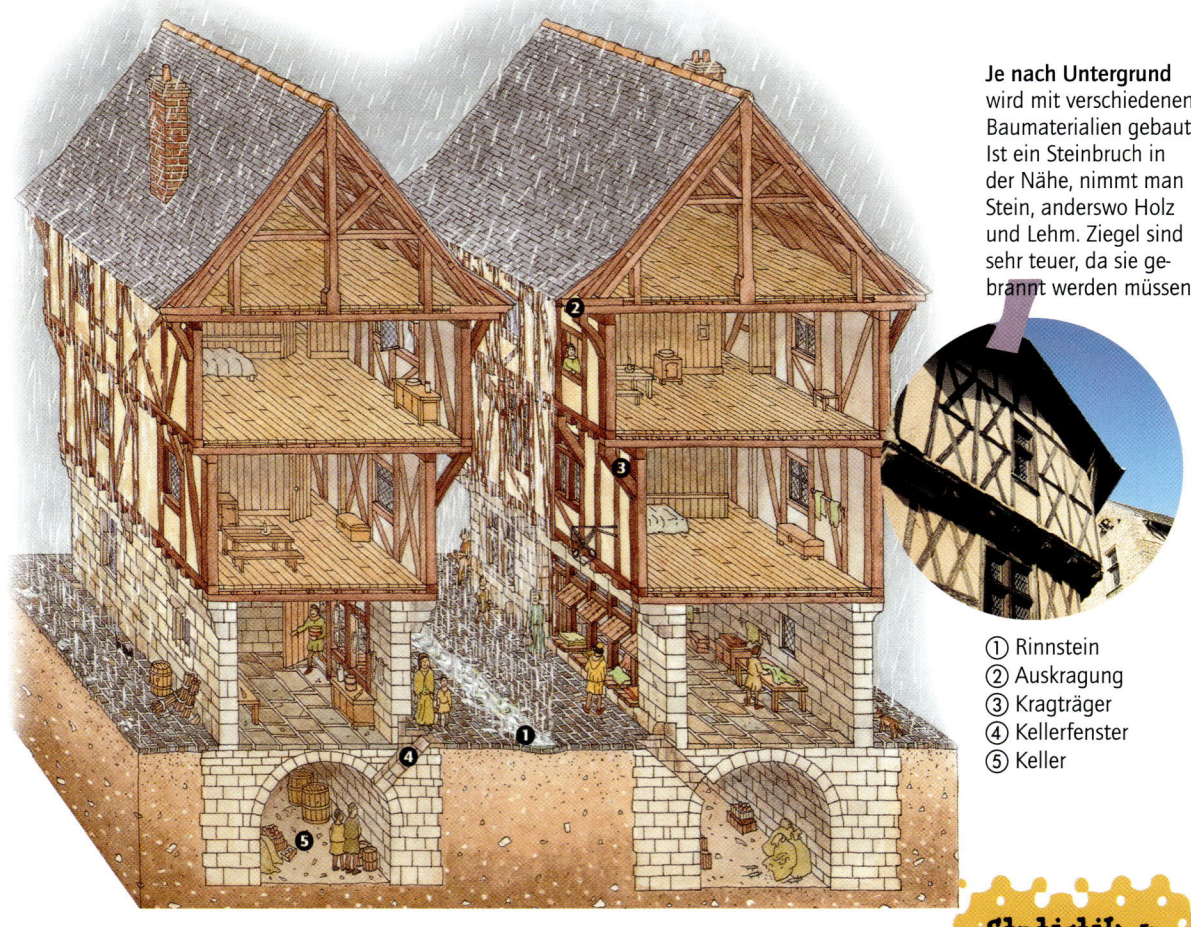

Je nach Untergrund wird mit verschiedenen Baumaterialien gebaut. Ist ein Steinbruch in der Nähe, nimmt man Stein, anderswo Holz und Lehm. Ziegel sind sehr teuer, da sie gebrannt werden müssen.

① Rinnstein
② Auskragung
③ Kragträger
④ Kellerfenster
⑤ Keller

Geschützt hinter Mauern

Wenn man sich einer Stadt nähert, sticht einem zunächst die hohe Ringmauer in die Augen, die die Stadt vom Umland abgrenzt und sie vor eventuellen Überfällen schützt. Die steinernen Stadtmauern mit ihren Stadttoren, die nachts geschlossen werden, haben zahlreiche europäische Städte stolz in ihr Wappen aufgenommen. Alle Stadtbewohner beteiligen sich an der Verteidigung und Instandsetzung der Mauer. Die Zünfte *(siehe S. 146–147)* übernehmen abwechselnd jeweils einen Tag in der Woche die Wache an den Toren.

Statistiken

Um 1200 haben Brügge und Gent 50 000 Einwohner, Florenz und Genua haben über 100 000. Hundert Jahre später leben in London und Lübeck knapp 40 000 Einwohner.

In der Stadt gibt es einen Buttermarkt, einen Gänsemarkt, einen Gemüsemarkt, eine Tuchhalle oder ein Gewandhaus, eine Kornhalle usw.

Ausdehnung der Städte

Zunächst umgab die Mauer lediglich die Burg oder die Kirche, doch im Lauf der Jahrhunderte wird sie immer größer. Um 1200 umschließt in fast allen Städten Europas eine neue Stadtmauer auch die Vorstädte. Innerhalb der Mauern liegen nun Gemüsegärten, Weinberge und Weiden für das Vieh der Metzger. In vielen Häusern hält man im Hinterhof Geflügel und es gibt auch Bauern, die in der Stadt wohnen und ihre Felder vor den Toren der Stadt bestellen.

Die Straßen

Sobald man aus der Türe tritt, steht man mitten im Gewimmel. Die Straßen im Stadtzentrum sind nicht breiter als fünf Meter. Überall stehen Stände und Straßenhändler preisen laut schreiend frisches Wasser, Besen oder heiße Pasteten an. Zwischen den Passanten laufen Ziegen, Hunde und Schweine (trotz fälliger Strafen) und auch ein edler Reiter hoch zu Ross bahnt sich seinen Weg. In der Mitte fließt der Rinnstein mit Abfällen jeder Art. Der Schmutz in den mittelalterlichen Städten ist erschreckend, obwohl eine Vorschrift sogar anordnet, dass jeder vor seiner Tür kehren muss. Es gibt auch eine Müllabfuhr, aber die Reinigung der Straßen ist unmöglich, wenn der festgetretene Erdboden beim ersten Regen völlig aufweicht.

Zu wenig Platz

Die Brunnen sind meist an Straßenkreuzungen zu finden. Wasserträger und Dienerinnen tauschen dort gern den neuesten Klatsch aus; auch im Waschhaus und in der Taverne wird viel geredet. Öffentliche Versammlungen finden auf dem Friedhof statt, da nur wenige Städte einen großen Platz haben. Die Stadtbevölkerung lebt überwiegend auf der Straße, da die Häuser sehr eng und dunkel sind. Die Arbeiterfamilien wohnen in einem oder zwei kleinen und schlecht beheizten Zimmern am Ende einer kleinen Gasse oder unter dem Dach. Zwischen den dicht gedrängten Häusern brechen immer wieder Feuer aus. Um die Brandgefahr zu verringern, verbietet man strohgedeckte Dächer. Ab dem 13. Jahrhundert verwendet man Dachziegel.

Straßennamen erzählen oft eine eigene Geschichte wie zum Beispiel die Henkersgasse, die Seminarstraße usw. Manch ein Platz heißt bis heute Pranger.

Wertvolles Wasser

Trinkwasser ist selten und teuer. Dennoch gibt es in der Stadt Dampfbäder, Badehäuser (im Jahr 1290 sind es in Paris 27 Bäder für ungefähr 100 000 Menschen) und öffentliche Bedürfnisanstalten, deren Abwasser in den Fluss oder in Gräben geleitet wird.

Unabhängige und freie Städte

Ende des 13. Jahrhunderts erbt Mathieu Chambon in Montbrison in Frankreich eine Metzgerei. Er erweitert das Geschäft, handelt bald auch mit Talg, Leder und Tuch und wird schließlich Wucherer: Er verleiht Geld und kauft den bei ihm verschuldeten Gläubigern billig Land ab. Bei seinem Tod besitzt er elf Häuser, zehn Metzgereien, zwei Wiesen, drei Weinberge und sechs Höfe im Umland.

Jede Stadt besitzt ein eigenes Siegel, mit dem offizielle Dokumente versehen werden, und ein Rathaus, in dem sich die Ratsherren versammeln.

Viele Rathäuser haben einen Glockenturm, den so genannten Belfried. Die Glocke schlägt zu Arbeitsbeginn und bei Einbruch der Dunkelheit, wenn die Ausgangssperre beginnt.

Die reichen Bürger ...

Mathieu Chambon wird ein reicher Bürger mit großem Einfluss in der Stadt; seine Nachkommen festigen diesen sozialen Aufstieg. So oder ähnlich entstehen auch die anderen großen europäischen Familien, die ab dem 12. Jahrhundert die Städte beherrschen: die Tolomei in Siena (Italien) machen ein Vermögen mit dem Lederhandel, die Familie Utenhove in Gent (Belgien) handelt mit Tuch. Zur gleichen Zeit zieht es die jüngeren Söhne des Adels auf der Suche nach Gewinn bringenden Geschäften in die Städte. Die Kluft zwischen Arm und Reich wird immer tiefer.

Mittelalterliche Vororte

Gemäß den Verträgen mit dem Bischof oder dem Landesherrn gehören die Dörfer im Umland der Städte zum Einzugsbereich der Stadt. Der Bereich, in dem das Stadtrecht gilt, nennt man Bannmeile.

... und die anderen

Die meisten Stadtbewohner sind einfache Leute. Zu ihnen zählen die Arbeiter im Textilgewerbe und im Handwerk, Diener, Tagelöhner, Straßenhändler und Krämer. Sie alle zahlen nur wenig Steuern, gehören aber dennoch zur städtischen Gemeinschaft. Keinerlei Rechte haben dagegen Fremde und Vagabunden, die von Diebstahl und Almosen leben. Diese aus der Gesellschaft Ausgestoßenen machen nach Ansicht der Historiker etwa 2 % der Stadtbevölkerung aus. In Zeiten der Kriege, Epidemien und Hungersnöte steigt ihre Zahl.

Die reichen Familien der Städte rivalisieren miteinander um Reichtum und Macht. Äußeres Zeichen ihrer Rivalität sind manchmal Turmbauten wie in der Stadt San Gimignano (Italien) um 1420.

Die Geburt der freien Reichsstädte

Das Bürgertum lehnt sich um 1080 in Italien und um 1120 überall in Europa gegen die von den Bischöfen und Landesherren erhobenen Abgaben auf. Die Stadtbürger fordern Freiheiten wie Zollfreiheit für den Warenverkehr und eine eigene Gerichtsbarkeit. Gegen den Widerstand einiger Könige und zahlreicher Bischöfe kann das Bürgertum mit der Unterstützung vieler Landesherren in Italien und Spanien durchsetzen, dass eine Charta verabschiedet wird, die einigen Städten Unabhängigkeit garantiert. Im Deutschen Reich heißen sie freie Reichsstädte.

Macht und Geld

Die Städte werden immer unabhängiger. Von den Stadtbürgern gewählte Männer stellen den Bürgermeister, halten Gericht, verwalten die Finanzen und führen die Geschäfte der Stadt. Sie sind die Ratsherren. Sie haben nicht nur politische, sondern auch große wirtschaftliche Macht. Wird zum Beispiel ein Tuchmachermeister neunmal hintereinander zum Ratsherrn gewählt, so kann er dank seiner Stellung ungestraft die kleinen Tuchmacher ausbeuten, die für ihn arbeiten.

Die Ratsherren halten auch Gericht. Sie verhängen Strafen wie Geldbußen oder körperliche Züchtigungen. Wegen geringerer Vergehen wird man an den Pranger gestellt. Dort landen auch unehrliche Kaufleute.

Stadt gegen König

In Frankreich schränkt die starke Macht des Königs die Unabhängigkeit der Städte ein. In Rouen lehnt sich die Stadtbevölkerung 1382 gegen die zahlreichen Steuern auf. Der „Aufstand von Harelle" wird vom König mit Gewalt niedergeschlagen und die Stadt verliert sämtliche Handelsrechte. Ein vom König eingesetzter Vogt wird Oberhaupt der Stadt.

Die Zünfte

„Auf den Plätzen und in den Gassen drängten sich Handwerker, die verschiedene Berufe ausübten: Die einen polierten Schwerter, die anderen walkten Tuch, wieder andere webten; hier kämmten sie Wolle und dort schoren sie Schafe ..."

Geburt der Zünfte

In der Beschreibung des Dichters Chrétien de Troyes von 1180 herrscht in der Stadt rege Betriebsamkeit. Die ersten Berufsgruppen, die sich ab dem 11. Jahrhundert zu Zünften zusammenschließen, sind Bäcker und Metzger. Die verschiedenen Handwerksgruppen wollen sich damit besser organisieren und ihre Mitglieder unterstützen. In Köln gibt es als einziger Stadt im Deutschen Reich auch Frauenzünfte, zum Beispiel die Zunft der Garnmacherinnen und die der Seidenspinnerinnen.

Textilgewerbe

In Gent, einer Tuchmacher-Hochburg, sind mehrere tausend Menschen im Textilgewerbe beschäftigt. Die Arbeit ist stark spezialisiert. Die Wolle wird von Arbeitern gereinigt und gekämmt, von Webern gewebt, von Färbern gefärbt und von Walkern mit den Füßen gewalkt, um den Stoff geschmeidiger zu machen. Anschließend wird das Tuch gespannt, gebügelt und gefaltet, bevor es zum Verkauf in die Hallen und auf die Märkte gebracht wird.

Strenge Hierarchie

Den Zünften gehören drei Kategorien von Mitgliedern an: die Meister, die Gesellen und die Lehrlinge. Ein Meister wird in die Zunft aufgenommen, nachdem er eine Aufnahmegebühr bezahlt und eine Prüfung bestanden hat. Von nun an nimmt er an den Zunftversammlungen teil und entscheidet mit über die Zunftordnung. Die Mehrzahl der Meister gehören zu den Würdenträgern der Stadt.

Theoretisch können alle Gesellen Meister werden, wenn sie ein Meisterstück gemacht haben, doch wird es für die Gesellen im Lauf der Zeit immer schwieriger, wenn sie nicht wie Meistersöhne besondere Vorrechte genießen. Die Lehrzeit dauert 4 bis 12 Jahre. Die Lehrlinge erhalten Unterkunft und Verpflegung und sind völlig vom guten Willen des Meisters abhängig, der sie entlassen kann.

Gesellen

Als sich im 14. Jahrhundert die Lage der Gesellen verschlechtert, schließen sie sich zu Gesellenbruderschaften zusammen, die unter anderem auch Arbeitskämpfe und Streiks organisieren.

Gerbergasse, Schusterstraße ...

Jede Zunft versucht die Konkurrenz unter den Meistern durch Preiskontrollen zu unterbinden. In Toulouse ist der Gewinn der Metzger laut Zunftordnung auf ein Zwölftel des Verkaufspreises festgelegt. Mit Kontrollen wacht man über die Einhaltung der Zunftordnung, die auch Gehälter und Arbeitszeiten regelt. Die Zunftmitglieder müssen feierlich schwören, dass sie sich an die Bestimmungen der Zunft halten werden. Zünfte heißen auch Einungen oder Gilden und sind meist in speziellen Straßenzügen oder Vierteln angesiedelt, die bis heute ihre Namen tragen. In Köln beispielsweise gibt es noch etliche Straßennamen, die auf das mittelalterliche Gewerbe hindeuten: Schildergasse (Maler), Streitzeuggasse (Harnischmacher), Unter Goldschmied, Unter Taschenmacher usw.

In der Werkstatt

Die Werkstätten und Geschäftsräume liegen im Erdgeschoss der Häuser. In den oberen Stockwerken sind die Wohnräume untergebracht. Der Verkaufsraum ist zur Straße hin offen. Häufig werden die Waren auch auf Ständen auf der Straße ausgelegt. Manche Werkstätten haben Fensterläden, deren unterer Teil zum Ausstellen der Waren aufgeklappt werden kann. Die Meister besitzen das Werkzeug und liefern das Rohmaterial, das sehr teuer sein kann. Gemäß den Bestimmungen der Zunft muss die Arbeit sichtbar vor dem Kunden erfolgen, sodass die Güte garantiert und kein Betrug möglich ist. Bei vielen Berufen wie Schneider oder Schuhmacher werden die Waren nach Maß gefertigt.

Die Universität und das Wissen

John wird 1120 in Salisbury geboren, studiert mit 16 Jahren in Chartres und später in Paris, wo er die Schule von Abälard besucht. Er beendet 1148 sein Studium der Theologie und geht auf Reisen. Nach seiner Rückkehr nach England wird er Sekretär des Erzbischofs von Canterbury. Anschließend geht er nach Italien und wird Berater des Papstes. 1176 wird er zum Bischof von Chartres ernannt.

Universitäten vor dem 13. Jahrhundert

Universitäten im 13. Jahrhundert

Universitäten im 14. Jahrhundert

Fortschritt des Wissens

Seit dem Hochmittelalter werden die Geistlichen in Schulen ausgebildet. Einige Schulen sind wegen ihrer gelehrten Meister sehr berühmt; zu ihnen gehören zum Beispiel Fulbert in Chartres und Raimund in Toledo. Nach und nach spezialisieren sich die Universitäten: Man lehrt Grammatik in Orléans, Jurisprudenz in Bologna und Medizin in Salerno. Im 12. Jahrhundert wird in der Schule von Paris Theologie gelehrt (Religionswissenschaft). Sie ist bei Studenten aus allen Ländern beliebt und verfügt über berühmte Philosophen wie Abälard (1079–1142) und Gilbert de la Porrée (1076–1154).

Die Universitäten

Wie in den Zünften sind Lehrer und Schüler in einer Vereinigung namens *Universitas* organisiert. Sie sind unabhängig vom König und vom Bischof und unterstehen seit 1230 direkt dem Papst. In ganz Europa entstehen neue Universitäten: Montpellier wird ein berühmtes Zentrum der Medizin und des Rechts, die Universität von Neapel wird 1224 von Kaiser Friedrich II. gegründet. In Spanien werden im Zuge der christlichen Rückeroberung des

Landes *(siehe S. 176–177)* viele neue Universitäten eröffnet. Die erste deutsche Universität wird 1368 in Heidelberg gegründet.

Das Studium

Zunächst wird ein sechsjähriges Grundstudium an der Artistenfakultät absolviert, in der die Schüler in den sieben *Artes liberales* (freien Künste) des *Trivium* und des *Quadrivium (siehe S. 67)* unterrichtet werden. Anschließend können die Studenten sich spezialisieren. Bis man jedoch seinen Doktor in Theologie machen kann (*doctor* ist Lateinisch für „Lehrer"), sind weitere acht Jahre Studium nötig. Der Unterricht ist prinzipiell kostenlos, doch die Meister verlangen dennoch Zahlungen in Silber oder in Form von Geschenken. Grundlage der Lehre sind die alten lateinischen Texte, die gelesen und anschließend erörtert werden. Der Meister entwickelt eine Lösung, die seine Studenten zu neuen Denkweisen auf der Grundlage der alten Texte anregen soll.

Mit der steigenden Zahl von Studenten – im 14. Jahrhundert sind es 10 000 in Paris – werden auch mehr Bücher produziert. Die kleineren und weniger kostbaren Bücher werden nun in Universitäten abgeschrieben. Hier sieht man die erste Brille des Mittelalters.

Ungehorsame Schüler

Alle Studenten haben eine Tonsur am Hinterkopf und tragen lange Kutten. Einige Gruppen unter ihnen, die so genannten Goliarden oder Vaganten, leben als fahrende Scholaren. Sie stehlen und betteln und kritisieren die Gesellschaft, den König, den Bischof und das Bürgertum.

Die Autorität der Kirche

Im Mittelalter ist das gesamte intellektuelle Leben und das Studium kirchlich geprägt. Vor allem die Franziskaner und Dominikaner gründen viele Schulen. Doch erst ab 1256 erhalten dominikanische Meister mit Erlaubnis des Papstes Zugang zu den Universitäten. Im 12. Jahrhundert entdeckt das Abendland dank der Übersetzungen der arabischen Gelehrten die Autoren der Antike. Auf diese Weise gelangen auch die Schriften von Averroes (1126–1198) im Jahr 1200 nach Paris. Der Arzt, Jurist und Philosoph aus Córdoba nimmt Aristoteles als Grundlage für seinen Unterricht. Der griechische Autor der Antike ist allerdings sehr fragwürdig, da seine Philosophie nicht auf dem Glauben an Gott beruht. Averroes wird von der Kirche argwöhnisch beäugt, seine Schriften werden 1277 schließlich verboten. Erst Thomas von Aquin (1225–1274) gelingt es, das Gedankengut der antiken Autoren mit dem Christentum zu vereinen.

Die Universität von Oxford entsteht Ende des 12. Jahrhunderts, als die englischen Studenten von den Schulen in Paris verwiesen werden. Sie ist die älteste Universität Englands.

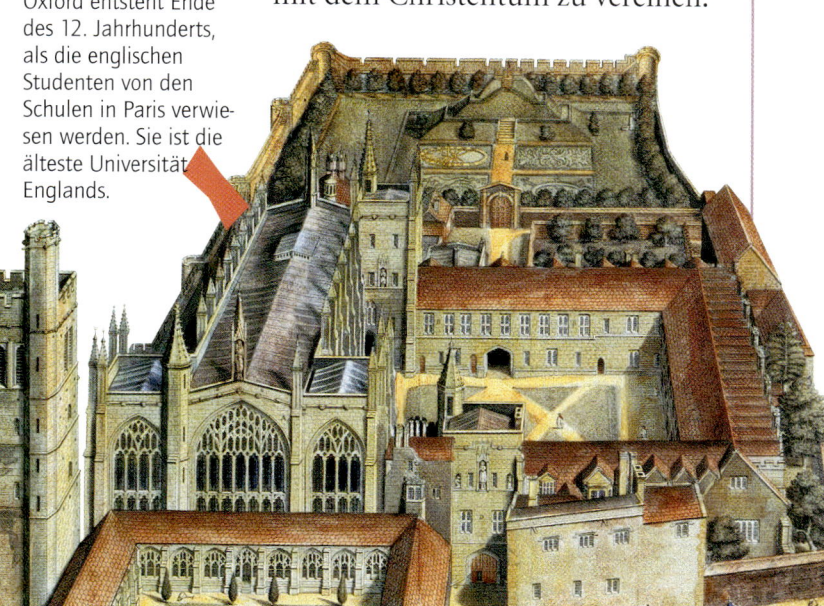

Die Stadt feiert

Im Jahr 1303 leiht Bischof Wilhelm von Mâcon den Veranstaltern des Narrenumzugs seine Bischofsrobe. Dieses Fest kirchlichen Ursprungs findet in vielen Städten zwischen Weihnachten und Dreikönig statt. Ab dem 12. Jahrhundert wird es ein Fest, an dem die Leute allerlei Schabernack treiben.

Verkleidungen, Umzüge, Gesänge und Trinkgelage in ausgelassener Stimmung stehen auf dem Programm. Ein falscher, für einen Tag ernannter Bischof führt die Prozession an. Er sitzt verkehrt herum auf einem Esel und trägt eine Bischofsmütze. In Venedig und anderen italienischen Städten segnet er die kreischende Menge mit den frechen Worten: „Gott gebe euch Bauchweh, einen Korb voller Vergebung und einen Ausschlag am Kinn!" Gegen den heftigen Widerstand der oberen Kirchendiener zieht die Prozession auch durch die Kirche und einige Geistliche beteiligen sich sogar mit Freude daran. Da die Welt an diesem Tag auf dem Kopf steht, ziehen sich die Geistlichen und die Mitglieder der Universität verkehrt herum an, also mit den Unterkleidern über den Oberkleidern. In jeder Stadt gibt es solche Narrentage, sei es ein Eselfest, karnevalistische Narrenumzüge, große Feuer an Karsamstag oder am Johannistag usw. In jeder Gemeinde sorgen die jungen Leute der Zünfte für Stimmung und machen zum Teil recht derbe Späße. Anlässlich der Frühlingsfeste zieht man die neuen Kleider an und feiert den Neubeginn. Eine Puppe, die den vergangenen Winter darstellt, wird verbrannt und überall wird getanzt, auch auf den Friedhöfen. Da der christliche Kalender über hundert Feiertage hat, gibt es jede Menge Gelegenheiten zum Feiern. Die ganze Stadt ist an diesen Tagen auf den Beinen. An hohen Feiertagen schmückt man die Fassaden, vor allem wenn ein Fürst oder König feierlich in die Stadt einzieht. Die Feste sind auch eine gute Gelegenheit, Konflikte zu schlichten. Die Jungen genießen ihre Freiheiten und die Reichen nutzen die Gelegenheit ihre schönsten Gewänder anzulegen und sich großzügig zu zeigen.

Vorstellungen unter freiem Himmel

An Fest- oder Markttagen gibt es in der Stadt auch Unterhaltung durch fahrende Musiker und Spielleute. Schauspieler begeistern ihre Zuschauer mit Abenteuern von tapferen Rittern. Sie erzählen Geschichten aus dem Leben der Heiligen oder führen Possen auf.

Die großen Warenmessen

Zufrieden reibt sich Meister Eckart die Hände. Die berühmte Messe der Champagne in Lagny geht zu Ende und der flämische Händler rechnet noch einmal alles nach. Er hat fast alle seine Stoffe und Tücher verkauft und zu einem günstigen Preis Seidenstoffe und Pelze erstanden, die ihm bei seiner Rückkehr einen einträglichen Gewinn bringen werden. Das Jahr beginnt Erfolg versprechend!

Die Messe von Lendit bei Paris ist eine der ältesten Messen des Mittelalters. Sie findet im Juni statt.

Feste Termine

Mehrmals im Jahr treffen sich die europäischen Händler auf den internationalen Warenmessen und tauschen Waren aus. Messen finden in den großen Handelzentren in England, Flandern, Norditalien oder Paris statt oder an den Kreuzungen der großen Handelswege oder Flüsse (Rhone, Saône, Rhein). Im 12. und 13. Jahrhundert sind die Warenmessen in der Champagne auf halbem Weg zwischen Flandern und Italien berühmt und beliebt. Die Grafen der Champagne bieten den Händlern Schutz und Sicherheit auf den Straßen und während der Messen, sie gewähren ihnen Zollnachlässe und arbeiten Verträge aus, die im ganzen Abendland gültig sind. Die Grafen sorgen auch für Unterkünfte, in denen die Händler nach Ursprungsland zusammen untergebracht werden. Es kommen Händler aus Italien, Katalonien, Flandern, dem Deutschen Reich und Frankreich.

Katalonien (1035) und Kastilien (1172) sind die ersten europäischen Länder, die nach den Kreuzfahrerstaaten im Morgenland Goldmünzen nach dem Vorbild des arabischen Dinars prägen.

Warentausch

In der Champagne finden im Jahreslauf sechs Messen in vier Städten (Provins, Troyes, Lagny und Bar-sur-Aube) statt. Mindestens eine Woche lang stellen die Händler ihre Stände in den Hallen oder in den Straßen unter Zelten auf. Manchmal sind die Stände nach Warenangebot geordnet: Auf der einen Seite findet man flämisches Tuch und Seidenstoffe aus Italien; auf der anderen Eisenwerkzeuge, Pelze, deutsche Lederwaren, Pergamente, Sättel oder Schuhe. Am Ende der Messe bezahlt jeder Händler für seine Käufe. Diese Vorgänge werden von hohen Beamten überwacht. Am Schluss packen die Händler ihre nicht verkauften Waren ein und ziehen zur nächsten Messe.

Das Angebot der Messen und Märkte richtet sich nach den Erzeugnissen der Region. In Bourges (Frankreich) finden die Messe der fetten Schafe und die Pflaumenmesse im Mai statt und dreimal im Jahr die „Messe der Reifen und Dauben", auf der Böttcher eiserne Reifen und Holz für ihre Bottiche und Fässer kaufen können.

Die Geldwechsler werden häufig an der Seite ihrer Gemahlin dargestellt. Während sie Ecu, Gulden und Dukaten sortiert und auf einem Holztisch namens *il banco* (später „die Bank") aufstapelt, wiegt ihr Mann jede Münze und bestimmt ihren Wert.

Ecu, Gulden oder Dukaten?

Die Händler bezahlen die Waren mit Münzen aus Silber oder Gold. Diese werden zunächst von den Landesherren geprägt, mit der Zeit jedoch zunehmend von den Münzen der Herrscher verdrängt; dazu gehören zum Beispiel der englische Penny, der französische Ecu oder der begehrte Fiorino aus Florenz. Aufgrund ihres Erfolgs prägt Venedig ab 1284 den Dukaten, der als „Dollar des Mittelalters" angesehen werden kann. Da verschiedene Münzen im Umlauf sind, braucht man einen Geldwechsler, der jede Münze wiegt und das Gewicht des Edelmetalls bestimmt, bevor er das Geld tauscht. Immer mehr Händler gehen später dazu über, ihre Waren auf Kredit zu verkaufen. Die Kredite sind jeweils an der nächsten Messe fällig. Eine weitere Neuerung ist der Wechsel, der im 13. Jahrhundert in Italien eingeführt wird.

Der Seehandel

Im Hafen von Brügge hat gerade ein italienisches Handelsschiff angelegt. Auf dem Kai türmen sich Stoffballen und Fässer. Einige Männer behalten die Arbeiter und Träger im Auge, die das Schiff entladen. Die Männer kontrollieren für einen Kaufmann aus Genua die Ladung.

Die Kogge mit langem Kiel und Rahsegel setzt sich als bestes Handelsschiff durch. Die Seefahrer des Nordens statten es mit einem hinteren Steuerruder aus.

Seefahrt

Die Italiener nennen den Kompass *bossola* (Kästchen). Er enthält eine Nadel aus magnetischem Stein, die immer Richtung Norden zeigt. Dank dieses Richtungsweisers weiß der Seefahrer immer, wohin das Schiff fährt. So kann er sich nicht verirren.

Das Meer ist für den Transport schwerer Waren gut geeignet, doch die Seefahrt birgt Risiken: Es drohen nicht nur Piraten, sondern auch Schiffbruch. Um die Gefahren zu mindern, fahren die Schiffe meistens entlang der Küsten und bleiben im Winter im Hafen. Die großen italienischen Kaufleute fahren mit ihren Handelsschiffen in Konvois, die von Kriegsschiffen begleitet werden. Die meisten Händler schließen sich während der Reisezeit zu Gesellschaften zusammen, an denen sie eine Beteiligung haben. Zweimaster und Galeeren im Mittelmeer und die bauchigen Koggen der Nordmeere transportieren lange Zeit nur begrenzte Lademengen. Erfindungen sorgen für einen kräftigen Aufschwung der Seefahrt: Das Steuerruder, ein großes Brett in Verlängerung des Kiels, erleichtert die Navigation; mit Kompass, Astrolabium und ersten Seekarten wagen die Seefahrer sich nun weiter von der Küste weg.

Waren aus aller Herren Länder

Waren aller Art werden über das Mittelmeer und über die kalten Meere im Norden transportiert. Die italienischen Händler kontrollieren den Warenverkehr mit dem Fernen Osten und verkaufen Luxusartikel, die im Abendland heiß begehrt sind: Teppiche, Seidenstoffe, Parfüm, Zucker, Baumwolle, Elfenbein und Edelhölzer. Sie bringen große Mengen von Gewürzen wie Pfeffer, Zimt und Nelken aus dem Morgenland, mit denen sie sagenhafte Gewinne machen. Auf den Meeren im Norden transportiert man Lebensmittel und Rohstoffe, die gegen flämisches Tuch getauscht werden. Der Handel

Ein Italiener in China

Ab dem 13. Jahrhundert sind die Italiener die einzigen Europäer, die sich bis nach Asien vorwagen. Einer der berühmtesten Kaufleute ist der junge Venezianer Marco Polo, der Venedig mit 17 Jahren verlässt und mit seinem Vater und seinem Onkel durch ganz Asien reist. Er wird ein hoher Beamter am Hof des Kaisers von China. Nach 20 Jahren kehrt er 1295 in seine Heimatstadt zurück. Während einer Seeschlacht wird er gefangen genommen und verbringt drei Jahre in einem Gefängnis in Genua. Dort diktiert er seinem Zellengenossen Rusticello seine Erinnerungen, die unter dem Titel *Von Venedig nach China* veröffentlicht werden.

Herren des Fernhandels

Der wirtschaftliche Aufschwung kommt ganz Europa zugute, doch die großen Nutznießer sind vor allem die italienischen Städte Genua, Florenz und Venedig. Ihre Händler sind überall: in vielen Häfen, in den Kontoren und in den großen Städten, wo sie eigene Viertel haben. Ihre Handelsmethoden verschaffen ihnen Vorteile gegenüber anderen Händlern, doch unter ihnen herrscht starke Rivalität. Nach und nach gelingt es Venedig, seine Rivalen (Genua und Florenz) auszuschalten und sich als einziger Zwischenhändler zwischen Abend- und Morgenland durchzusetzen.

Seit der Antike bringen Händler Gewürze nach Europa, mit denen Speisen verfeinert und Medikamente hergestellt werden.

mit Weizen, Salzfisch, Salz, Holz, Wolle und Pelz wird von den Deutschen dominiert, die sich zu einem Bund namens Hanse zusammenschließen. Von den Häfen in Lübeck, Hamburg, Bremen und Köln aus herrschen sie über ein Wirtschaftsimperium, das von England bis nach Norwegen und Russland reicht.

wichtige Handelszentren
große Messen
Seewege Venedigs
Kontore und Niederlassungen Venedigs
Seewege der Hanse
Kontore und Niederlassungen der Hanse
Seewege Genuas
Kontore und Niederlassungen Genuas

ATLANTISCHER OZEAN

Bergen · Oslo · Stockholm · Riga · Danzig · Lübeck · Hamburg · London · Bristol · Brügge · Paris · Lagny · La Rochelle · Lyon · Venedig · Montpellier · Genua · Siena · Barcelona · Neapel · Bari · Lissabon · Sevilla · Palermo · Tunis · Kaffa · Cherson · Trapezunt · Konstantinopel · Nikosia · Damaskus

MITTELMEER

Eine Welt im Wandel

„**H**err, erlöse uns von Hunger, Pest und Krieg!" Inständig beten die Menschen des 14. Jahrhunderts zu Gott, denn sie werden von einer ganzen Reihe von Unglücken heimgesucht. Es sind schwierige Zeiten und manch einer glaubt bereits an das Ende der Welt. Unmerklich vollzieht sich ab dem 13. Jahrhundert ein Wandel, den man an verschiedenen Ereignissen erkennen kann: Spanien wird zurückerobert, geeinte Reiche entstehen und Händler und Kaufleute gewinnen zunehmend an Macht und Einfluss. Die Zeit der Ritter und ihrer Burgen geht langsam zu Ende. Sie machen einer neuen Welt Platz.

Mächtige Nationalstaaten

In der Kathedrale von Reims ist die Zeremonie der Krönung auf ihrem Höhepunkt. Mit einer goldenen Nadel nimmt der Erzbischof einige Tropfen heiliges Öl auf und salbt damit den König von Frankreich auf Stirn, Brust, Schultern, Armen und Händen. Kurze Zeit darauf wird der frisch gekrönte Herrscher, gehüllt in einen reich bestickten Samtmantel, auf den Platz vor der Kirche treten ...

Das Deutsche Reich

Seit dem 11. Jahrhundert wird der Kaisertitel den Herrschern des Heiligen Römischen Reiches verliehen. Das Deutsche Reich ist in jener Zeit das größte Reich Europas. Nach dem Vorbild Karls des Großen, als dessen Nachfolger die Kaiser sich sehen, werden sie vom Papst in Rom gekrönt. Sie träumen davon, das Oberhaupt der Christenheit zu sein, können sich aber nicht durchsetzen. Zuletzt bricht ein offener Streit zwischen Kaiser und Papst aus, der sich der kaiserlichen Kontrolle entziehen will.

Die Krönung

Ab dem 9. Jahrhundert werden die meisten Herrscher gekrönt. Den Vorabend der Krönung in Reims verbringt der König von Frankreich mit Vorbereitungen und Gebeten ähnlich wie der junge Ritter vor seiner Schwertleite. Bei der Krönung wird er mit dem heiligen Öl gesalbt, mit dem bereits Chlodwig getauft wurde, und erhält die Insignien seiner Macht: Schwert, Krone, Zepter und Hand der Gerechtigkeit. Erst im 14. Jahrhundert zeigt das Wappen der französischen Könige Lilien. Doch in Anspielung auf Frankreich und seinen König sprach man schon vorher vom „Lilienfürst" oder vom „Königreich der Lilien".

Wie jeder Vasall, der seinem Herrn huldigt, kniet der König von England vor dem König von Frankreich nieder, da er von ihm ein großes Lehen mit vielen Ländereien hat. Durch Heirat und Erbe kam der englische König auf Umwegen in den Besitz großer Gebiete, die das Königreich Frankreich direkt bedrohen.

Die Macht des Kaisers ist gering, da er von den deutschen Fürsten abhängig ist, die ihn wählen. Zudem müssen sie seinen Entscheidungen seit 1356 im Reichstag zustimmen. Der Traum von einem europäischen Reich unter Herrschaft der deutschen Kaiser rückt in weite Ferne.

Frankreich

Andere Reiche in Europa behaupten sich und es entstehen mächtige Nationalstaaten. In Frankreich folgen die Könige der Dynastie der Kapetinger dem Beispiel von Hugo Capet, der seinen Sohn 987 noch zu seinen Lebzeiten krönen ließ. In unzähligen Kriegen versuchen sie den Gehorsam des widerstrebenden Adels zu erzwingen. Sie umgeben sich mit Beratern, die ihnen helfen, eine funktionierende Verwaltung im Reich aufzubauen. Im Kernland der Krone erheben sie Steuern, heben eine Armee aus und halten Gericht. Im 13. Jahrhundert stärken drei große Herrscher die Stellung des Königs: Philipp August, dessen Eroberungen die Krongebiete verdreifachen, Ludwig IX., der sich um ein gut geführtes Reich bemüht, und Philipp der Schöne, der die Grundlagen für einen modernen Staat schafft *(siehe S. 161)*.

Der König von England will die Pläne der englischen Kirche um jeden Preis durchkreuzen und lässt im Jahr 1170 den Erzbischof Thomas Becket in der Kathedrale von Canterbury ermorden. Als Zeichen seiner Reue lässt er sich von Mönchen auf dem Grab des Erzbischofs auspeitschen. Doch sein grober Fehler schadet seinem Ansehen dauerhaft.

England

Seit Ende des 11. Jahrhunderts baut Wilhelm der Eroberer das neue Königreich auf, indem er es in Grafschaften unterteilt, die von Stellvertretern (Sheriffs) regiert werden. Alle Untertanen müssen einen Treueeid ablegen. Er herrscht mit der Unterstützung der führenden Familien. Seine Nachfolger aus der Plantagenet-Dynastie festigen die Macht des Königs. Sie tragen zahlreiche Konflikte mit der Kirche und vor allem mit dem französischen König aus. Die Könige von England werden in diesem Kampf geschwächt und müssen ab 1215 die Kontrolle ihrer Macht durch die Barone dulden. Mit der Magna Charta beginnt der englische Parlamentarismus: Ein aus zwei Kammern bestehendes Parlament regiert gemeinsam mit dem König.

Französische Engländer!

Die englische Dynastie, die zwischen 1154 und 1485 regiert, wird Plantagenet genannt. Der Name geht auf Graf Gottfried von Anjou, den Vater Heinrichs II., zurück, der einen Ginsterzweig (lateinisch: *planta genista*) als Helmzier trug. Wie er sind seine Nachfolger französische Adlige. Sie lassen sich in der Abtei von Fontevrault (Anjou) beisetzen. Der englische Adel spricht bis ins 13. Jahrhundert Französisch.

Ruhmreiche Herrscher

In den Königreichen Europas des 13. Jahrhunderts nimmt die Macht der Könige gegenüber der ehrgeizigen Kirche und den machthungrigen Landesherren zu. In der langen Liste der Herrscher jener Zeit gibt es einige herausragende Persönlichkeiten.

Heinrich II. Plantagenet (1133–1189)

Heinrich II. Plantagenet ist Herzog von Anjou, der Normandie und Aquitanien und wird 1154 König von England (rechts sein königliches Siegel). Er herrscht über Ländereien, die von den Pyrenäen bis nach Schottland reichen. Dank einer straffen Verwaltung und vieler Reisen unterwirft er die aufständischen Landesherren. Er regiert sein Königreich England mit Unterstützung der Sheriffs in den Grafschaften, stützt sich auf eine Versammlung von Bischöfen und Landesherren, gründet königliche Gerichte, die die Gerichtsbarkeit der Kirche einschränken sollen.

Friedrich I. Barbarossa (1122–1190)

Das Heilige Römische Reich besteht aus zwei Landesteilen, die nur schwer vereinbar sind: Italien und Deutschland. Friedrich I. Barbarossa wird 1155 zum deutschen Kaiser gewählt. Barbarossa will die Einigung des Reiches. Er verbietet die weit verbreiteten Fehden zwischen Landesherren und baut zahlreiche Burgen, die er treuen Rittern anvertraut. Die Beherrschung Italiens ist sein nächstes Ziel. Es kommt zu Auseinandersetzungen mit dem Papst, der im Zentrum der Halbinsel über den Kirchenstaat herrscht und seinen Herrschaftsbereich ausdehnen will. Wichtige Helfer Friedrichs sind die deutschen Bischöfe, denen er viel Macht überträgt.

Friedrich II. von Hohenstaufen (1194–1250)

Sein Name täuscht, denn Friedrich II. ist mehr Italiener als Deutscher. 1197 erbt er das Königreich Sizilien und wird 1220 zum Kaiser des Heiligen Römischen Reiches gekrönt. Durch seine Heirat wird er König von Jerusalem und nimmt am 5. Kreuzzug teil. Er stiftet zwischen Christen und Muslimen Frieden, ohne zu den Waffen zu greifen. Sein Hof in Palermo (Sizilien) ist für seine Weltoffenheit berühmt. Durch seine große Machtentfaltung erweckt er den Unwillen des Papstes. Der Streit zwischen Guelfen (Anhängern des Papstes) und Ghibellinen (Anhängern des Kaisers) bewirkt ein Jahrhundert lang Kriege und Konflikte zwischen den italienischen Städten.

Ludwig IX. der Heilige (1214–1270)

Ludwig IX. wird 1226 König von Frankreich. Er gilt als ein besonders gerechter und christlicher König: Er verteidigt die Kirche, nimmt an zwei Kreuzzügen teil, vereinheitlicht das Münzsystem und ernennt Vögte und Seneschalle, die die königlichen Befehle umsetzen und Gericht halten. Im Frieden von Paris von 1259 mit Heinrich III., König von England, verzichtet er auf Anjou und die Normandie, behält jedoch Aquitanien. Ludwig IX. wird bei Konflikten in ganz Europa als Schiedsrichter gerufen. Er stirbt 1270 in Tunis an der Pest *(siehe S. 115)*. 1297 wird er heilig gesprochen.

Alfons X. der Weise (1221–1284)

Der König von Kastilien und León ist ein Nachkomme des deutschen Königs Philipp von Schwaben. Er wird 1257 seinerseits zum deutschen König gewählt. Das hindert ihn aber nicht, die Rückeroberung Spaniens weiter zu verfolgen *(siehe S. 176–177)* und Kastilien neu aufzubauen, indem er eine auf Viehzucht und Seehandel gestützte Wirtschaft entwickelt. Alfons der Weise ist ein sehr gelehrter Herrscher. Er ist Schriftsteller, Dichter und leidenschaftlicher Astronom und Historiker. Zur Festigung der königlichen Macht lässt er zahlreiche Gesetzestexte verfassen, die auf römischem Recht beruhen.

Liebe und Politik

Vor dem Hintergrund der Auseinandersetzungen zwischen den italienischen Städten im 13. und 14. Jahrhundert spielt das Theaterstück *Romeo und Julia* des englischen Dichters Shakespeare. In Verona ist der Hass zwischen den Familien Capulet (Julias Familie) und Montaigu (Romeos Familie) so groß, dass die Liebe der beiden jungen Menschen keine Chance hat.

Philipp IV. der Schöne (1268–1314)

Unter seiner Herrschaft (1285–1314) wird Frankreich zu einem vom König zentral regierten Staat. Doch die Verwaltung und der Luxus am Hof sind teuer und Frankreich fehlt es an Gold. Philipp der Schöne entwertet das Geld, erhöht die Steuern und versucht die oberen Kirchendiener zu ernennen, was zu Spannungen mit dem Papst führt. Als Zugeständnis lässt er die Tempelritter verhaften, deren enormer Reichtum für Unmut sorgt. Am Ende seiner Herrschaft hat er mit zahlreichen Krisen zu kämpfen. Der Hundertjährige Krieg kündigt sich bereits an!

Hunger, Pest und Krieg

In England haben 46 % der Bauern seit 1279 weniger als sechs Hektar Ackerfläche pro Familie. Eine Fläche dieser Größe ernährt kaum eine Familie von vier oder fünf Personen. Da die Bevölkerung wächst, wird die Anbaufläche immer kleiner. Es gibt nicht genügend Land und die Ernten sind zu gering. Hungersnöte sind die Folge.

Im 14. Jahrhundert fordert die Lepra viele Opfer. Die Leprakranken kündigen ihr Kommen mit einer Glocke an, woraufhin alle zur Seite weichen.

Der Hunger kehrt zurück

Um die Überbevölkerung auf dem Land in den Griff zu bekommen, erhöht man das heiratsfähige Alter, sodass weniger Kinder geboren werden. Die Bauern ziehen in Massen in die Städte, wo es ohnehin schon genug Arbeitskräfte gibt. Sie werden als Tagelöhner für wenig Geld beschäftigt, während die Preise für landwirtschaftliche Güter steigen. Nach drei Jahrhunderten des Aufschwungs steht das Abendland nun vor einer wirtschaftlichen Krise. Im Frühjahr 1314 kommt es in Winchester (England) und Ypres (Belgien) zu ersten großen Hungersnöten. In nur sechs Monaten sterben 10 % der Bevölkerung. Der Hunger sucht fast ganz Europa heim.

Gefahr durch Ratten

Die Pest wird von Rattenflöhen übertragen. Die Seuche wütete bereits im 6. Jahrhundert in Europa, doch sie war seit so vielen Jahren verschwunden, dass die Menschen sie vergessen hatten. Zwischen dem 14. und dem 18. Jahrhundert bricht die Seuche in Europa allerdings immer wieder aus.

Die schwarzen Jahre

In dieser Zeit der Hungersnöte bricht die Schwarze Pest aus. Die hoch ansteckende und tödliche Krankheit kommt auf genuesischen Schiffen von Asien nach Europa. Im Dezember 1347 bricht die Pest in Marseille aus, im Juni 1348 in Paris, bevor sie im Dezember 1349 in London und Frankfurt wütet. Einige Regionen sind von der Seuche weniger betroffen, doch teilweise werden auch ganze Dörfer entvölkert. In den Städten wütet die Seuche im Allgemeinen heftiger als auf dem Land.

Vor den Stadttoren liegen die Leichen. Man muss sie schnell verbrennen, damit die Pest sich nicht weiter ausbreitet.

Der Tod wird häufig als Sensenmann dargestellt. Mit einem schaurigen Lächeln holt er die Lebenden und tanzt mit ihnen den Totentanz.

Die Angst geht um

Wer fliehen kann, flieht. Angst und Bestürzung wecken ungeahnte Instinkte in den Menschen. Man sucht nach den Verantwortlichen der tödlichen Krankheit, deren Ursprünge man nicht kennt. Die Juden werden beschuldigt, die Brunnen vergiftet zu haben. In vielen Städten werden sie daher niedergemetzelt. Büßer versuchen mit Prozessionen von Flagellanten, die sich geißeln und peitschen, den Zorn Gottes zu besänftigen.

In Hungerszeiten gibt es immer wieder Fälle von „Antoniusfeuer". Die Krankheit wird durch giftiges Mutterkorn im Roggenmehl ausgelöst und führt zu Krämpfen und Brand. Von Gebeten zum heiligen Antonius verspricht man sich Heilung.

Da man vermutet, dass die Krankheit über den Atem übertragen wird, machen die Pestärzte ihre Krankenbesuche mit parfümierten Vogelmasken.

Das Land verändert sich

Es fehlen Arbeitskräfte für die Landwirtschaft. Das führt zu einem Rückgang der Anbauflächen für Getreide und einer Zunahme von Obstwiesen und Weiden für die Viehzucht. Die Bauern spezialisieren sich zunehmend. Die Stellung der wohlhabenden Bauern ist durch die Situation gegenüber dem Herrn gestärkt, da überall Arbeitskräfte fehlen.

Das Volk leidet

Nicht nur Hungersnöte und die Pest setzten dem Volk zu. Die Dörfer werden von Gesetzlosen verwüstet, Söldnerbanden fallen plündernd und mordend über die fahrenden Händler her. Viele Bauern flüchten sich hinter die schützenden Stadtmauern. Die übrige Landbevölkerung wird von den Steuern erdrückt. Ab 1326 kommt es in Flandern zu ersten Aufständen; 1358 folgen in Paris, in der Normandie und in Burgund große Bauernaufstände: Die Bauern plündern die Burgen und verbrennen die Schriftstücke, in denen die Steuern verzeichnet sind. Obwohl Ritterarmeen die Aufstände brutal niederschlagen, gibt es um 1380 in Katalonien und um 1470 in Galizien wieder Unruhen.

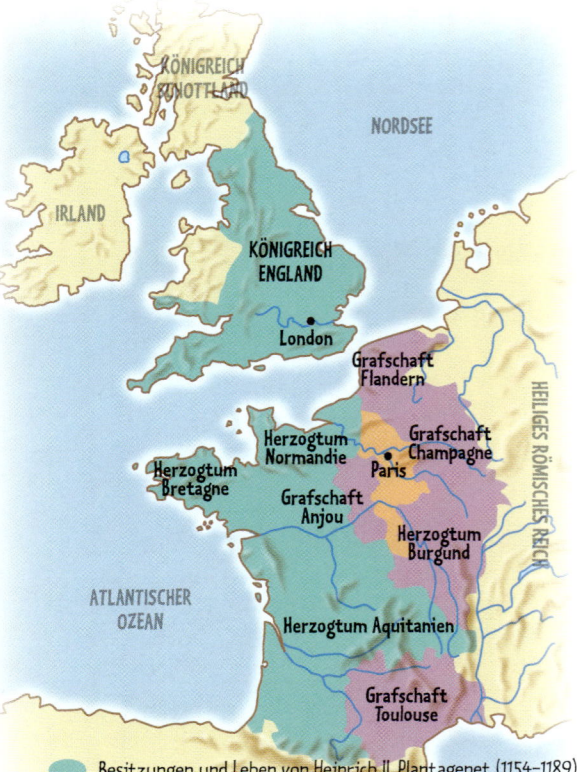

KÖNIGREICH SCHOTTLAND

NORDSEE

IRLAND

KÖNIGREICH ENGLAND

London

Grafschaft Flandern

Herzogtum Normandie

Herzogtum Bretagne

Grafschaft Champagne

Paris

Grafschaft Anjou

Herzogtum Burgund

ATLANTISCHER OZEAN

Herzogtum Aquitanien

HEILIGES RÖMISCHES REICH

Grafschaft Toulouse

🟢 Besitzungen und Lehen von Heinrich II. Plantagenet (1154–1189)
🟠 Krondomäne des Königs von Frankreich
🟣 Lehen der anderen Vasallen des Königs von Frankreich

Vor dem Hundertjährigen Krieg

Die Rivalitäten zwischen Frankreich und England beginnen im 12. Jahrhundert: 1152 heiratet Herzogin Eleonore von Aquitanien Heinrich II. Plantagenet, der kurz darauf König von England wird. Seit dieser Zeit sind die englischen Herrscher Vasallen des Königs von Frankreich und müssen ihm einen Eid leisten. Doch da sie selbst Könige sind, wollen sie dies vermeiden.

Das Erbe wird kleiner

Im Jahr 1199 besteigt Johann Ohneland, der Sohn von Heinrich II., den Thron von England. Aus Unvermögen verliert er die Normandie und 1204 Anjou an den König von Frankreich. Nach seinem Tod ist das Reich der Plantagenet schon merklich geschrumpft. Im Frieden von Paris von 1259 gibt Ludwig IX. der Heilige die besetzten Ländereien mit Ausnahme Aquitaniens an Heinrich III. zurück. Der König von Frankreich nutzt die erste Gelegenheit, das Land zu besetzen. An den Grenzen kommt es zu heftigen Schlachten. 1295 gelingt es Philipp IV. dem Schönen (König von Frankreich) schließlich, Aquitanien den Engländern wegzunehmen.

Familiengeschichte

Um den Frieden zu sichern, heiratet Eduard II. von England (1307–1327) im Jahr 1308 Isabella von Frankreich und gewinnt dadurch Aquitanien zurück. Diese provisorische Annäherung bringt aber keinen Frieden, da der König von Frankreich Karl IV. 1328 ohne direkten Erben stirbt. Die französischen

Der König von Frankreich
Philipp IV. der Schöne *(Mitte)* hatte eine Tochter, Isabella, die durch die Heirat mit Eduard II. Königin von England wurde, und drei Söhne, die alle drei regierten: Ludwig X., Philipp V. und Karl IV.

Das Kräfteverhältnis 1337

Frankreich ist ein großes Land mit mindestens 15 Millionen Einwohnern. England hat dagegen nur 4 Millionen Einwohner, doch seine Wirtschaft ist stark und das Land und vor allem die Armee sind gut organisiert.

Krönung von Philipp VI. in der Kathedrale von Reims im Jahr 1328

Barone wählen seinen Cousin Philipp VI. zu seinem Nachfolger. Doch gleichzeitig beansprucht der englische König Eduard III., Sohn von Isabella, als Neffe des verstorbenen Königs die Krone von Frankreich. Er will auch das Königreich Schottland erobern, das mit Frankreich verbündet ist. Philipp VI. wiederum sucht einen Vorwand, um Aquitanien erneut einzunehmen. 1339 erklärt Eduard III. von England ihm den Krieg.

Der ungehorsame Vasall wird bestraft!

Bei der Rücknahme der Normandie 1204 und Aquitaniens 1295 wenden die Könige von Frankreich ein feudalistisches Recht an, das es dem Lehnsherrn erlaubt, einem Vasallen sein Lehen zu entziehen, wenn er als unwürdig angesehen wird.

Wirtschaftliche Konkurrenz

In Flandern bricht bereits 1294 ein Wirtschaftskrieg zwischen beiden Reichen aus. Die zu Frankreich gehörende Provinz verdankt ihren Wohlstand dem Textilgewerbe und dem Wollhandel mit England. Die Tuchmachermeister der großen Werkstätten in Brügge, Gent und Ypres wenden sich an den König von Frankreich, um größere Unabhängigkeit vom Grafen von Flandern zu erlangen. Der Graf seinerseits bittet den König von England um Unterstützung. In einer ersten Schlacht siegt die französische Armee. Sie besetzt die flämischen Städte, in denen sich die Bevölkerung gegen sie auflehnt. 1302 besiegen die vereinigten Streitkräfte der Städte die französischen Ritter in Courtrai. Die Franzosen schlagen im nächsten Jahr zurück, doch die von England unterstützten Aufstände in den Städten reißen nicht ab.

Unter der Herrschaft von Heinrich III. von England (1216–1272) gründet der Adel ein Parlament, das die Politik des Königs kontrolliert. Es tagt im Westminster Palace und besteht aus zwei Kammern: dem Oberhaus und dem Unterhaus.

Philipp IV. der Schöne kämpft in der Schlacht von Courtrai gegen die Flamen.

Der Hundertjährige Krieg

Der Krieg beginnt auf dem Wasser. Am 24. Juni 1340 gewinnen die Engländer die Schlacht im Hafen von Sluis. An einem einzigen Tag verliert der König von Frankreich seine gesamte Flotte: 170 Schiffe und 20 000 Mann. Die Engländer können nun landen, wo sie wollen.

Diese englische Münze aus der Regierungszeit von Eduard III. zeigt den König auf einem Schiff. Sie soll die Macht seiner Flotte verdeutlichen.

Englische Überlegenheit

Eduard III. von England startet seinen ersten großen Kriegszug im Jahr 1346. Sein Heer plündert Caen und zieht nach Norden. In Crécy besiegt es das französische Ritterheer. 1347 erobern die Engländer Calais, das der erste englische Hafen an der Küste Frankreichs wird. Johann II. der Gute, der den französischen Thron 1350 besteigt, hat aus den Niederlagen nichts gelernt. 1356 wiederholt sich vor Poitiers die schreckliche Niederlage von Crécy. Der König wird gefangen genommen und mehrere Jahre lang in London festgehalten. Nach dieser Episode setzen die Herrscher ihr Leben nicht mehr auf den Schlachtfeldern aufs Spiel.

Veränderte Kriegsführung

Die Zeit der Lanzen und der schwer bewaffneten Ritter ist vorbei. In den neuen Kriegen wirkt sich ihre Disziplinlosigkeit und Verletzbarkeit durch Armbrüste verheerend aus.

Johann II. wird der Gute genannt. Er ist tapfer und großzügig, doch als Feldherr scheitert er. 1356 verliert er die Schlacht von Poitiers gegen die Engländer, die vom Schwarzen Prinzen (siehe S. 170) befehligt werden.

Das englische Heer besteht aus erfahrenen Berufssoldaten. Auf jeden Reiter kommen drei Bogen- oder Armbrustschützen. Ab 1346 donnern die ersten Kanonen, fordern aber nur wenige Opfer, da sie noch nicht genau zielen können. Die Mauern der Burgen und Städte werden aufgrund dieser Entwicklung verstärkt und gleichzeitig werden die Festungsanlagen mit Kanonengeschützen bestückt.

Armagnaken und Burgunder

Nach den französischen Siegen unter Karl V. *(siehe S. 170)* wird 1388 ein Waffenstillstand vereinbart. Doch der Krieg ist damit nicht zu Ende. Sein Nachfolger Karl VI. ist geisteskrank und die Barone streiten sich um die Macht. Bürgerkrieg bricht aus zwischen den Armagnaken (Anhänger Ludwigs von Orléans, Bruder Karls VI.) und den Burgundern (Anhänger des Herzogs von Burgund Johann ohne Furcht). Der neue König von England Heinrich V. nutzt diese Wirren aus, landet 1415 in Frankreich und siegt bei Azincourt. Er erobert die Normandie zurück und verbündet sich mit dem Herzog von Burgund. Frankreich muss am 21. Mai 1420 den Vertrag von Troyes unterzeichnen: Karl VI. enterbt seinen Sohn (den späteren Karl VII.) und Heinrich V. wird Thronfolger.

Im Jahr 1419 ermorden die Verbündeten des späteren Karls VII. den Herzog von Burgund, Johann ohne Furcht. Der Mord schweißt die Burgunder und die verbündeten Engländern noch enger zusammen.

Hundert Jahre?

Die Bezeichnung „Hundertjähriger Krieg" entstand um 1860. Tatsächlich dauerten die Auseinandersetzungen 116 Jahre, in denen Schlachten und Waffenstillstände einander ablösten. Die über hundert Jahre währenden Kriegswirren ließen in Frankreich und England ein starkes Nationalbewusstsein entstehen.

Kriegsende

Nach dem Vertrag von Troyes flieht der spätere Karl VII. aus Paris und zieht sich ins Loire-Tal zurück. Auf Drängen von Jeanne d'Arc *(siehe S. 171)* heben die Anhänger Karls eine Armee aus, die Orléans befreien und Karl zur Königskrönung führen soll. Die Krönung von 1429 stärkt und legitimiert den Sohn Karls VI. In der Folgezeit festigt Karl VII. seine Position und söhnt sich mit Burgund aus. Er modernisiert das Heer und gewinnt mehrere Schlachten gegen die Engländer. Im Jahr 1453 besitzt England nur noch die Stadt Calais und der Hundertjährige Krieg geht zu Ende.

Frankreich nach dem Vertrag von Troyes

KÖNIGREICH ENGLAND

London
Calais
Normandie
Bretagne
Paris
Orléans
Bourges
Guyenne

🟧 unter englischer Kontrolle
🟩 unter der Kontrolle des Herzogs von Burgund
🟦 Ländereien Karls VII.

Isabeau von Bayern

Die deutsche Prinzessin heiratet 1385 den König von Frankreich Karl VI. Nachdem ihr Gemahl geisteskrank wurde, regiert sie mit Ludwig von Orléans und Johann ohne Furcht. Doch sie ist nicht darauf vorbereitet, politische Verantwortung zu übernehmen. Während des Bürgerkrieges stellt sie sich auf die Seite des Herzogs von Burgund und damit gegen ihren Sohn, den späteren Karl VII.

Die Belagerung von Orléans

I m Jahr 1428 halten die Engländer ganz Nordfrankreich besetzt. Sie beschließen, weiter in den Süden vorzustoßen und schneiden im September den Schiffsverkehr auf der Loire stromabwärts der Stadt Orléans ab. Ein starkes Heer von 3500 Schützen und mehreren hundert Reitern bereitet die Belagerung der Stadt vor.

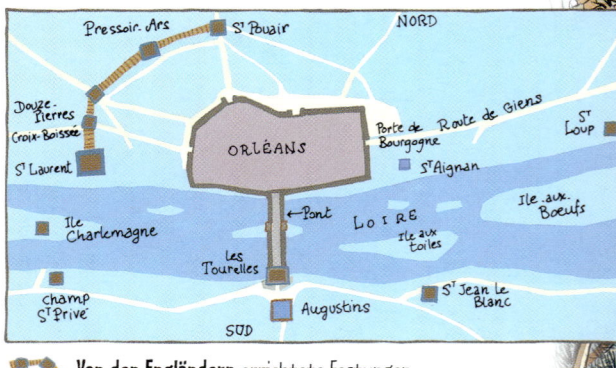

Von den **Engländern** errichtete Festungen

Ende Oktober schließt sich der Belagerungsgürtel um die Stadt: Das englische Heer kontrolliert die Straßen im Norden und nimmt die Festung Les Tourelles im Süden ein *(siehe Plan)*. Auf französischer Seite gelingt es der bewaffneten Truppe unter dem Befehl des Grafen von Dunois in die Stadt zu kommen, deren Verteidigung sie übernehmen will. „Weitere Mäuler zu stopfen!", denken die Einwohner, die ihre Lebensmittel bereits rationieren. Die Engländer lähmen Orléans, indem sie einen Ring von Befestigungen errichten. Die kleine Armee von Dunois kann sie nicht daran hindern. Das Warten beginnt. Sechs Monate vergehen, bis Dunois versucht, eine für die Engländer bestimmte Lieferung von Heringen abzufangen; der Ausfall scheitert. Dann endlich kommt am 29. April 1429 Jeanne d'Arc mit der Armee des späteren Karls VII. nach Orléans. Die Stadt schöpft neue Hoffnung und trifft Vorbereitungen für den

Kampf: Kanonen werden aufgestellt, Stein- und Bleikugeln, Pfeile und Armbrustsehnen hergestellt. Am 6. Mai greift Dunois die Tourelles-Festung an. Seine Armee marschiert über die Loire zur Bastion Saint-Jean le Blanc und dann zur Bastion Les Augustins, die am selben Abend fällt. Die französische Armee schlägt zur Sicherheit ihr Nachtlager an Ort und Stelle auf. Der Sturm auf die Tourelles beginnt im Morgengrauen. Jeanne d'Arc zeigt sich ständig den Kämpfenden mit ihrem Banner und flößt ihnen Mut ein. Die Franzosen kreisen die Engländer ein, indem sie brennende Boote unter der Brücke durchschicken, bevor sie die Tourelles stürmen. Die Engländer können nur noch fliehen und springen ins Wasser. Am nächsten Tag wartet das französische Lager vergeblich auf den Gegenschlag der Engländer. Am 8. Mai 1429 geben die Engländer die Belagerung auf. Orléans ist befreit.

Wichtige Figuren im Hundertjährigen Krieg

Viele Figuren spielten in dem langen Konflikt eine entscheidende Rolle: Könige, Feldherren, ehrgeizige Herzöge und Grafen.

Eduard, der Schwarze Prinz (1330–1376)

Den Sohn von Eduard III. von England nennt man den Schwarzen Prinz, da er auf seinen Kriegszügen stets eine schwarze Rüstung trug. Als ausgezeichneter Feldherr gewinnt er 1356 die Schlacht von Poitiers und regiert das unabhängig gewordene Aquitanien. Da er vor seinem Vater stirbt, wird er niemals König von England.

Karl V. der Weise (1338–1380)

Der 1364 zum König von Frankreich gekrönte Karl V. misstraut dem Hochadel und umgibt sich lieber mit Bürgerlichen. Er stellt Söldner ein, modernisiert die Festungen und baut eine neue Flotte auf. Er vertraut seine Armeen dem Offizier Bertrand du Guesclin *(links)* an, der den Engländern mit Belagerungen und Hinterhalten zusetzt. Beim Tod Karls V. hält England nur noch Calais und das Umland von Bordeaux und Bayonne.

Karl II. von Navarra, genannt Karl der Böse (1332–1387)

Der Nachkomme von Philipp IV. dem Schönen wäre gerne König von Frankreich geworden. Sein Leben lang spinnt er Intrigen. Als Graf von Evreux besitzt er zahlreiche Ländereien in der Normandie und erbt 1349 Navarra, ein kleines Königreich neben Aquitanien. Er verbündet sich mit den Engländern gegen den König von Frankreich, wird jedoch 1364 von du Guesclin geschlagen und verliert seine Besitzungen in der Normandie.

Philipp III. der Gute (1396–1467)

Philipp III. erbt Burgund, Flandern, den Hennegau und Holland. Seit 1419 stärkt er als Herzog von Burgund Macht und Einfluss seines Reiches. Um die Ermordung seines Vaters, Johann ohne Furcht, zu rächen, verbündet er sich mit England, besetzt Paris und handelt den Vertrag von Troyes aus. Nachdem er erkannt hat, dass die Engländer ihm die französische Krone nicht geben werden, versöhnt er sich mit Karl VII. und erreicht, dass Burgund unabhängig wird.

Heinrich V. (1387–1422)

Heinrich V. wird 1413 König von England. Er nutzt die Wirren des Bürgerkriegs und die Geisteskrankheit Karls VI. aus, um in Frankreich wieder Fuß zu fassen. Am 25. Oktober 1415 bringen seine Bogen- und Armbrustschützen in Azincourt der französischen Armee eine vernichtende Niederlage bei. Dieser unerwartete Sieg, der die französischen Ritter nachhaltig schwächt, macht die Rückeroberung der Normandie 1418 möglich.

Karl VII. der Siegreiche (1403–1461)

Der von seiner Mutter Isabeau von Bayern enterbte Prinz, meist „Dauphin" (Kronprinz) genannt, wird aus Paris vertrieben. 1429 kommt ihm Jeanne d'Arc zur Hilfe. Karl VII. marschiert 1436 in Paris ein, errichtet dort seinen Regierungssitz und baut eine Armee auf. 1450 gewinnt er die Schlacht von Formigny und befreit die Normandie. 1451 ergibt sich Bordeaux und 1453 wird Aquitanien endgültig französisch.

Jeanne d'Arc (1412–1431)

Die Tochter lothringischer Bauern fühlt sich durch göttliche Stimmen berufen, die Engländer zurückzuschlagen. Die „Jungfrau von Orléans" trifft in Chinon auf den späteren Karl VII. und hebt eine Armee aus, um Orléans zu befreien. Sie führt Karl VII. zu seiner Krönung nach Reims. Nach der Auflösung der französischen Armee beschließt sie, der Stadt Compiègne beizustehen. Dort wird sie gefangen genommen und dem Bischof von Beauvais, einem Verbündeten der Engländer, ausgeliefert. Ein geistliches Gericht verurteilt sie 1431 als Hexe und Ketzerin zum Tod auf dem Scheiterhaufen. Doch das Volk erklärt sie zur Symbolfigur der Befreiung des Reiches. 1456 wird ihre Unschuld anerkannt. Die Kirche spricht sie 1920 heilig.

Glaubenskrisen

Als Avignon zur Residenz des Papstes wird, zwingt man die Einwohner der Stadt zusammenzurücken oder sogar ihre Wohnungen aufzugeben, um Platz für den päpstlichen Hofstaat zu schaffen. Die Kardinäle richten sich schnell herrschaftliche Stadthäuser ein. Die Missstände in der Kirche stoßen auf Unverständnis beim Volk, das großes Leid ertragen muss.

Als Klemens V. Avignon zum Papstsitz macht, hat die Stadt nichts von einer Hauptstadt. Sie wird nach und nach mit Befestigungsanlagen umgeben. Der Bischofssitz wird 1316–1352 zum Papstpalast umgebaut.

Drei Päpste

Im Jahr 1309 beginnt für die Kirche eine Zeit der Krisen. Papst Klemens V., ein Franzose, wählt Avignon als Residenz und flüchtet damit aus dem von Unruhen geschüttelten Rom. Sechs weitere Päpste bleiben nach ihm in Avignon. Sie umgeben sich mit einem verschwenderischen Hof und leben in Saus und Braus. Unter anderem lassen sie auch berühmte Gelehrte und Maler aus Italien kommen. Ihre Verschwendungssucht löst Unzufriedenheit aus. Sie werden angeklagt, ein Leben in Luxus zu führen, die Kirchensteuern zu erhöhen und dem König von Frankreich hörig zu sein. 1378 wählen die italienischen Kardinäle einen Papst in Rom und die Franzosen einen Gegenpapst in Avignon. Es beginnt das Große abendländische Schisma, das die katholische Kirche 40 Jahre lang spaltet. Im Jahr 1409 wird ein dritter Papst gewählt, doch die beiden anderen wollen nicht zurücktreten. Die drei Päpste bekämpfen sich sogar mit Armeen. Erst 1407 wird ein einziger Papst, Martin V., von allen akzeptiert.

Jan Hus, ein Held

Jan Hus wird 1415 auf dem Scheiterhaufen hingerichtet, weil er die Verfehlungen der Kirche anklagt. Nach seinem Tod kommt es in ganz Böhmen zu Aufständen. 50 Jahre lang führen die böhmischen Adligen Krieg gegen das Papsttum einerseits und andererseits gegen das Heilige Römische Reich, zu dem auch Böhmen gehört. Jan Hus wird heute als tschechischer Nationalheld verehrt.

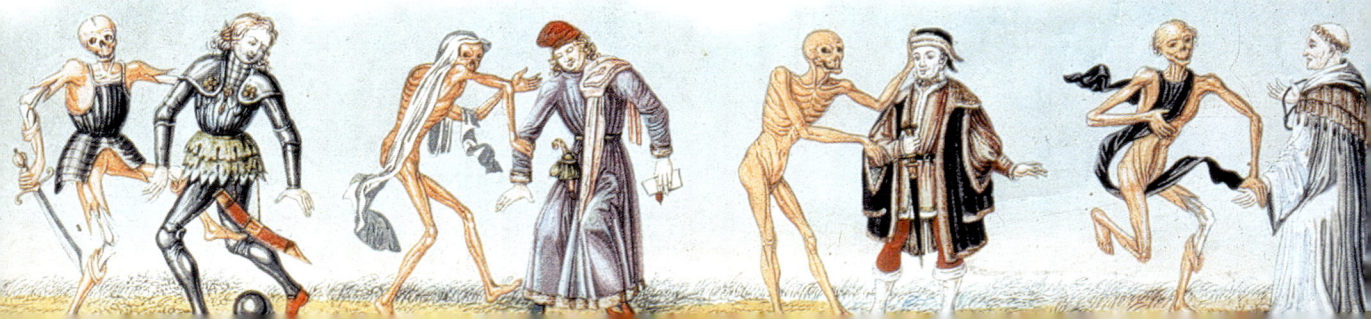

Angst vor dem Tod

Nicht nur die Missstände in der Kirche, sondern auch die Unglücke jener Zeit (Pest, Krieg, Hungersnöte) schüren den Unmut. Die Angst vor dem Tod geht um und manch ein Gläubiger sucht Trost bei der Jungfrau Maria und den Heiligen, denen man sich näher fühlt als der Kirche. Während die Prediger von einer Strafe Gottes reden, treibt die Furcht vor dem Sterben im Deutschen Reich die christlichen Flagellanten auf die Straßen, die sich als Buße mit Geißeln blutig peitschen. In Nordeuropa entstehen Bewegungen von flämischen Mystikern, die sich von der Welt zurückziehen wollen, um Gott näher zu sein. Die Kirche steht solchen Exzessen machtlos gegenüber. Sie lässt unzählige Menschen verbrennen, die mit dem Teufel im Bunde sein sollen. Sie unterstützt oder duldet diejenigen, die neue Wege erforschen, ohne sie zu hinterfragen. Die „Brüder vom gemeinsamen Leben" in Holland suchen ihr Heil im persönlichen Glauben. Ihnen gehört auch Thomas von Kempen an, der das Werk *Nachfolge Christi* verfasst, das zur Lieblingslektüre vieler Christen wird.

Schwere Folgen

Die Kirche und das Papsttum werden durch die Krise stark geschwächt und zahlreiche Stimmen fordern tief greifende Reformen. John Wyclif in England und Jan Hus in Böhmen kritisieren den Klerus und behaupten, dass die Gläubigen zum Verständnis der Bibel keine Geistlichen brauchen. John Wyclif übersetzt die Heilige Schrift ins Englische und wird dafür 1382 wegen Ketzerei ins Exil geschickt. Jan Hus seinerseits wird auf dem Scheiterhaufen verbrannt. Ihre Ideen spiegeln die Unzufriedenheit der Gläubigen und bereiten den Weg für den Protestantismus. Ein tiefer Graben entsteht zwischen der Kirche, die ihre Aufgabe aus den Augen zu verlieren scheint, und den Gläubigen, an denen Zweifel nagen.

Im 15. Jahrhundert wählen die Maler häufig das Motiv der trauernden Jungfrau Maria mit dem toten Jesus auf ihrem Schoß für ihre Werke. Diese Andachtsbilder nennt man „Pietà", was italienisch „Erbarmen" heißt.

In schwierigen Zeiten findet man Ablenkung in makaberen Vergnügungen, wie die zahlreichen Darstellungen des „Totentanzes" jener Zeit zeigen: Der zum Sterben verurteilte Lebende tanzt einen letzten Tanz mit Skeletten.

Am Hof von Burgund

Die Gäste staunen. Keiner von ihnen hat jemals an einem solchen Bankett teilgenommen. Es ist ein unvergessliches Erlebnis. Im Februar 1454 befindet sich Herzog Philipp der Gute auf dem Höhepunkt seiner Macht. Anlässlich des berühmten „Fasanenbanketts" beeindruckt er einen ausgewählten Kreis von Gästen in seiner Residenz in Lille. In einem reich mit Teppichen ausgeschmückten Saal trägt ein Heer von Dienern erlesenste Speisen auf, die so manche Überraschung bereithalten.

Während die geladenen Gäste eine Speise nach der anderen kosten, die auf den mit Satintüchern gedeckten Tischen aufgetragen wird, werfen sie immer wieder bewundernde Blicke auf die riesigen Süßspeisen, die als Tischdekoration dienen. Plötzlich öffnet sich eine der Speisen und kleine Figuren, die

Musik spielen, werden sichtbar. In einer anderen Nachspeise verbirgt sich ein Schiffsmodell und eine weitere Speise zaubert ein Schloss hervor. Gleichzeitig führen Schauspieler auf einem Podium am anderen Ende des Saals die Legende des griechischen Helden Jason auf. Später umkreist ein weißer Hirsch die

Tische und ein Feuer spuckender Drache fliegt über die Köpfe der Gäste. Es ist ein erlebnisreicher Abend! Dem Herzog von Burgund gehen bei der Bewirtung und Unterhaltung seiner Gäste nie die Ideen aus und er nutzt jede Möglichkeit, seine Macht zur Schau zu stellen. Im 15. Jahrhundert ist das

Tischmanieren

An allen Höfen Europas gelten bestimmte Tischmanieren für die Höflinge, die in Lehrbüchern festgehalten sind. Es wird empfohlen sich vor dem Essen die Hände zu waschen und seinen Nachbarn nicht zu stören, mit dem man Tellerbrett und Trinkkelch teilt *(siehe S. 126–127)*. Man sollte tunlichst vermeiden, zu große Stücke in den Mund zu nehmen, Knochen auf die Platte zurückzulegen, mit vollem Mund zu trinken, auszuspucken, beim Kauen zu schmatzen, zu viel zu reden, traurige oder boshafte Geschichten zu erzählen und mit offenem Mund zu lachen!

Haus Burgund äußerst wohlhabend. Es besitzt reiche Ländereien, die sich von der Nordsee bis in den Jura erstrecken. Der mächtige Herzog regiert in seinem Reich souverän, das heißt er hat keinen Lehnsherrn wie andere Herzöge. In den Hauptstädten Dijon, Brüssel, Den Haag und Lille, in denen er abwechselnd residiert, regiert er mit einem Rat von hohen Offizieren. An seinem Hof leben berühmte Künstler und Dichter. Es herrscht ein unbeschreiblicher Luxus und selbst die Höflinge kleiden sich in extravagante Gewänder. Die Männer tragen Schnabelschuhe mit extrem langen Schuhspitzen, einen kurzen Wams, der nur bis zu den Schenkeln reicht, und die Frauen haben tief ausgeschnittene Dekolletees. Zu einer standesgemäßen Kleidung gehören selbstverständlich auch hunderte von Edelsteinen!

Ferdinand von Aragon und Isabella von Kastilien mit ihrer Tochter.

Die Reconquista in Spanien

Am 1. Januar 1492 zieht das Heer der „Katholischen Könige" in Granada ein. Mit diesem Sieg geht ein Krieg zu Ende, der sieben Jahrhunderte zwischen Christen und Muslimen auf spanischem Boden ausgetragen wurde. Das wieder christliche Spanien wird eine wichtige Rolle in Europa spielen.

Eine Erfolg versprechende Heirat

Durch die Heirat von Isabella, Königin von Kastilien, und Ferdinand, König von Aragon, im Jahr 1469 werden die beiden wichtigsten Reiche im Herzen des christlichen Spaniens vereint. Die so genannten „Katholischen Könige" wollen die Rückeroberung der Halbinsel abschließen. Seit 1270 ist nur noch Andalusien in maurischer Hand; das muslimische Reich bedeckt etwa ein Fünftel Spaniens. In der Hauptstadt Granada werden die vertriebenen Mauren der anderen Regionen aufgenommen und der Hof der Alhambra ist für seine Weltoffenheit und Gelehrtheit über die Grenzen des Reiches hinaus berühmt.

Eine turbulente Geschichte

Die Muslime fassen 711 Fuß in Spanien *(siehe S. 42–43)*. Fast die gesamte Halbinsel wird von dem Kalifen von Córdoba beherrscht, mit Ausnahme einiger kleiner christlicher

Friedliches Nebeneinander

Während der Jahrhunderte der Reconquista können die Mudejares (in christlichen Reichen lebende Muslime) ihre Religion gegen die Zahlung einer Abgabe frei ausüben. Viele Juden leben in den Städten als Geldverleiher, Gelehrte oder Händler. Die tolerante Haltung, die nicht anhalten wird, fördert die Entwicklung einer reichen Kultur, die es nur in Spanien gibt.

Reiche im Norden des Landes, die Ausgangspunkt der Rückeroberung (Reconquista) werden. Im Jahr 1031 zerfällt das Kalifat von Córdoba in mehrere rivalisierende maurische Reiche. Mit der Ankunft neuer Eroberer, der Almoraviden, spitzt sich die Situation weiter zu. Die Christen können diese Wirren nutzen und erstarken: Die ehemalige Grafschaft Kastilien wird mit León und Galizien 1037 ein Königreich. Die Grafschaft

Der Schwiegersohn

Königs Alfons VI. von Kastilien, Raimund von Burgund, gründet zur Absicherung des Hinterlandes von Toledo um 1125 die befestigten Städte Salamanca, Segovia und Avila. Hier sieht man die Stadtmauer von Avila, die mit 88 Rundtürmen bewehrt ist. Sollen die Belagerer nur kommen!

Die Reconquista Spaniens zwischen 713 und 1492

- im Jahr 713
- im Jahr 1035
- im Jahr 1200
- im Jahr 1238
- im Jahr 1492
- ⚔ wichtige Schlacht

Die Burg von Loarre (Aragon) wurde um 1035 von Sancho Ramirez, König von Aragon und Navarra, erbaut. Sie ist gleichzeitig Burg und Kloster. Die Ordensritter, vor allem die des Ordens von Calatrava, waren maßgeblich an der Rückeroberung Spaniens beteiligt.

Ferdinand III., König von Kastilien und León, nimmt 1236 Córdoba und 1248 Sevilla ein. Aragon stößt bis zum Mittelmeer vor und Portugal erreicht Gibraltar.

Barcelona schließt sich mit Katalonien zusammen. Navarra startet eine neue Offensive. Mithilfe der Ritter aus Burgund und Aquitanien erringen die christlichen Armeen 1085 einen großen Sieg, als sie Toledo einnehmen.

Mit neuem Schwung

Die Kämpfe verlagern sich nun nach Aragon, das 1118 Saragossa zurückerobert. Das 1140 unabhängig gewordene Portugal kann Lissabon befreien. Ab 1150 wird der Süden der Halbinsel von einer anderen muslimischen Macht, den Almohaden, besetzt. Mit gemeinsamer Kraft gelingt den christlichen Armeen 1212 der Sieg von Las Navas de Tolosa. Die Rückeroberung geht weiter:

El Cid

El Cid ist der Beiname von Rodrigo Díaz de Vivar (1043-1099) und leitet sich von arabisch *sidi* (Herr) ab. Er erobert das Maurenreich Valencia und regiert es bis zu seinem Tod. Ab dem 12. Jahrhundert wird er zum legendären Helden dank des berühmten Gedichts *Cantar de mio Cid*.

Geburt eines mächtigen Staats

Die Rückeroberung gleicht einem Kreuzzug. Damit die christliche Kultur wieder in Spanien Einzug hält, gründen die französischen Mönche von Cluny Klöster und stiften den Pilgerweg nach Santiago de Compostela. Viele der Pilger sind auch zum Kämpfen bereit. Die von den Königen ernannten Bischöfe sind gleichzeitig politische Oberhäupter. Sie kontrollieren die zurückeroberten Regionen, in denen sie christliche Bauern und Kaufleute ansiedeln, die sie mit Freiheiten und Steuererlässen ködern. Nach dem Fall von Granada 1492 führen die „Katholischen Könige" die Inquisition ein. 500 000 Juden und Mudejares (im christlichen Spanien lebende Muslime) müssen Andalusien verlassen, weil sie sich weigern zum Christentum überzutreten. Einige von ihnen finden in Portugal ein neues Zuhause, wo der König toleranter ist. Spanien stützt seine Macht auf religiöse Kompromisslosigkeit und richtet seinen Blick auf die Neue Welt in Übersee ...

Untergang des Kalifenreiches

Anfang Februar 1258 zittert ganz Bagdad. Die Gerüchte auf dem Souk lassen die Einwohner, die sich noch dorthin trauen, erstarren. Die Mongolen kommen! Es wird erzählt, sie seien unerbittlich und plünderten alles auf ihrem Weg. Sie sind bald in der Stadt und zertreten jeden, der ihnen im Weg steht.

Ein zerschlagenes Reich

Seit dem 10. Jahrhundert schwindet die Macht der Abbasiden-Kalifen in Bagdad. Sie wenden sich 1055 an die türkischen Seldschuken, die aus Zentralasien stammen und erst vor kurzem zum sunnitischen Islam übertraten. Diese übernehmen die Kontrolle über Armee und Verwaltung und rufen zum Heiligen Krieg gegen die Byzantiner, die sie 1071 vernichtend schlagen. Danach greifen die Seldschuken die schiitischen Fatimiden an, die seit dem 10. Jahrhundert über Ägypten, Tunesien und Syrien herrschen. Das durch die Kreuzzüge geschwächte Reich der Fatimiden geht 1171 nach der Ankunft des Kurden Saladin unter. Er führt den Sunnismus wieder ein und gründet in Kairo die Dynastie der Aijubiden. Nach seinem Tod 1193 spaltet sich sein Reich in mehrere Teilstaaten auf. Im Westen müssen die spanischen Muslime die Angriffe der Christen aus dem Norden abwehren, die die Reconquista verfolgen *(siehe S. 176–177)*.

1169 wird Saladin Herrscher von Ägypten. Innerhalb von 20 Jahren baut er ein Reich auf, das sich vom Maghreb bis nach Armenien erstreckt. Eine historische Tat ist vor allem die Eroberung Jerusalems, das er 1187 den Händen der Kreuzfahrer entreißt.

Der Mittelmeerraum vom 11. bis ins 13. Jahrhundert

OMAIJADEN 756–1156
Córdoba

Tunis

ALMORAVIDEN 1056–1147
ALMOHADEN 1147–1269

Tripolis

Konstantinopel

SULTANAT RUM • Angora

Damaskus

SELDSCHUKEN 1037–1194
Bagdad

Basra

Kairo
FATIMIDEN 969–1171
AIJUBIDEN 1171–1250
MAMELUKEN 1250–1517
Assuan

Ein grausamer Schlag

Am 10. Februar 1258 fällt Hülägü, der Enkel Dschingis Khans, mit seinen mongolischen Truppen in Bagdad ein. Er erobert die Stadt, zerstört sie und metzelt zehn Tage lang die gesamte Bevölkerung nieder. Sein Feldherr setzt den Kriegszug nach Syrien fort. Zwei Jahre später wird er von Baibar, einem Kriegsführer des Königs von Ägypten, zurückgedrängt. Baibar rettet, was vom ehemaligen Kalifenreich noch übrig ist. Noch einmal bedrohen die Mongolen mit Tamerlan (oder Timur) das Reich, als sie 1400 bis 1401 Damaskus und erneut Bagdad verwüsten.

Herrschaft der Türken

Im Laufe der Eroberungen und der Schläge gegen das Kalifenreich setzen sich die Türken, zu denen auch Mongolen gehören, in der Verwal-

Wer sind die Mongolen?

Die Mongolen sind ein Steppenvolk aus Südsibirien, das von Raubzügen lebt. Nach langen Stammeskämpfen werden sie 1206 von Dschingis Khan (höchster Herrscher) geeint. Dschingis Khan wurde mit 10 Jahren Waise und lebte in großer Armut. Wegen seines politischen Geschicks und seiner Genialität als Feldherr schließen sich ihm viele Stämme an. Er baut eine Armee schneller Reiter auf und gründet das Mongolenreich. Nach der blutigen Eroberung des asiatischen Festlandes will er die restliche Welt unterwerfen. Sein Sohn Ügedei dringt bis nach Wien vor. Seine Enkel Kublai und Hülägü setzen die Ausdehnung des Reiches fort. Kublai gelingt die Eroberung Chinas und Hülägü gelangt bis nach Syrien. Im 14. Jahrhundert ist das Mongolenreich das größte Reich aller Zeiten.

tung und der Armee einiger Teilstaaten durch. Die Mameluken in Ägypten sind ebenfalls überwiegend Türken. Die ehemaligen, für den Kriegsdienst ausgebildeten Sklaven ergreifen ab 1250 die Macht in Ägypten und Syrien. Ein weiterer türkischer Stamm aus Turkestan befindet sich im 13. Jahrhundert auf Kriegszug und nutzt die Schwäche der türkischen Seldschuken. Es sind die Osmanen. In Europa stoßen sie bis zum Balkan vor und nehmen 1453 Konstantinopel ein, bevor sie Nordafrika besetzen. Sultan Mehmet II. reitet hoch zu Ross in die eroberte Stadt ein. Das Osmanische Reich stärkt den Islam in dieser Region.

Die Eroberung Bagdads durch die Mongolen 1258 erschüttert die islamische Welt. Die Abbasiden werden gestürzt, die Hauptstadt des Islam wird niedergebrannt und der letzte arabische Kalif stirbt.

Schlechter Ruf

Die Mongolen zeichnen sich vor allem in der Kriegskunst aus. Ihre Überraschungsangriffe und ihre hohe Treffsicherheit mit Pfeil und Bogen in vollem Galopp machen sie zwei Jahrhunderte lang ihren Feinden überlegen. Hinzu kommt ihre furchtbare Grausamkeit und ihr abstoßendes Aussehen: Sie sind klein und gedrungen und haben tiefe Narben im Gesicht.

Das neue Gesicht Europas

Der 1475 von Ludwig XI. von Frankreich und Eduard IV. von England unterzeichnete Vertrag von Picquigny bedeutet das offizielle Ende des Hundertjährigen Kriegs. England und Frankreich treten nun als zwei geeinte Reiche auf und manche Historiker sehen in diesem Datum das Ende des Mittelalters.

Sieben Jahre später, im Jahr 1482, schließt König Ludwig XI. von Frankreich in Arras mit dem deutschen Kaiser Maximilian von Habsburg einen Vertrag, der das große Burgunderreich aufteilt: Frankreich bekommt Burgund und die Picardie, während Maximilian I. die Niederlande behält. In jener Zeit setzt sich das **Deutsche Reich** aus unabhängigen Kleinstaaten zusammen (Sachsen, Luxemburg, Bayern, Württemberg usw.), in denen der Kaiser zu wenig Macht hat, um sie zu einigen. Der Traum von einem Reich nach dem Vorbild Karls des Großen ist jedoch immer noch nicht begraben.

In **Frankreich** baut König Ludwig XI. geduldig an der Einheit seines Reiches, indem er seinen Sohn Karl VIII. mit Anne de Bretagne verheiratet. Mit diesem Schritt gewinnt das französische Reich die Bretagne, dehnt sich aus und festigt seine Macht.

England wird von den „Rosenkriegen" zwischen den Häusern Lancaster (rote Rose) und York (weiße Rose) erschüttert. 1485 besteigt mit dem Haus Tudor eine neue Familie den Thron. In der friedlichen Folgezeit beginnt ein großer wirtschaftlicher Aufschwung.

In **Italien** bilden Städte wie Venedig, Florenz oder Genua unabhängige Stadtherrschaften, die von reichen, miteinander rivalisierenden Familien regiert werden. Inmitten dieser blutigen Wirren versucht der Papst seinen Einfluss auf der Halbinsel geltend zu machen.

In Osteuropa ist **Polen** ein großes, sich ausdehnendes Reich, während **Ungarn** unter der Herrschaft von König Matthias I. Corvinus ein zuverlässiges Bollwerk gegen den Vormarsch der Türken bildet.

Ludwig XI. (1423–1483)
König von Frankreich von 1461 bis 1483

KÖNIGREICH NORWEGEN

KÖNIGREICH SCHWEDEN

GROSSFÜRSTENTUM MOSKAU

Oslo

Stockholm

Nowgorod

REPUBLIK NOWGOROD

Rostow

Moskau

KÖNIGREICH DÄNEMARK

Riga

Danzig DEUTSCHER ORDEN

GROSSFÜRSTENTUM LITAUEN

KÖNIGREICH POLEN

Mainz

HEILIGES RÖMISCHES REICH DEUTSCHER NATION

Krakau

Kiew

Budapest

KÖNIGREICH UNGARN

Venedig

KROATIEN

BOSNIEN

KIRCHEN- STAAT

SERBIEN

OSMANISCHES REICH

Konstantinopel

Rom

Kosovo

KÖNIGREICH NEAPEL

Neapel

ALBANIEN

Palermo

KÖNIGREICH SIZILIEN

Maximilian I. (1459–1519)
deutscher Kaiser von
1493 bis 1519

Johann Plantagenet, Herzog von Bedford (1389–1435)
Regent und Tutor Heinrichs VI.
ab 1422

Heinrich VII. Tudor (1457–1509)
König von England von
1485 bis 1509

Matthias I. Corvinus (1440–1490)
König von Ungarn von
1458 bis 1490

Die italienischen Städte

Jeder Reisende, der im 14. Jahrhundert nach Venedig kommt, ist beeindruckt. Die im Meer erbaute Stadt strahlt in ihrer ganzen Pracht. Auf unzähligen kleinen, viereckigen Inseln erheben sich elegante Paläste, schöne Plätze und beeindruckende Kirchen mit Glockentürmen oder Kuppeln. Venedig gleicht einem Wunder und sein Reichtum kommt über das Meer.

Königinnen des Handels

Obwohl die Städte Norditaliens im 14. Jahrhundert von der Pest heimgesucht werden und starke Rivalitäten herrschen, bleiben sie dank der im Fernhandel erwirtschafteten Reichtümer mächtig und unabhängig. Drei der Städte nehmen führende Rollen ein: Venedig hat ein Netz von Häfen aufgebaut, die auf dem Seeweg von der Adria ins östliche Mittelmeer liegen. Es regiert über die Städte Verona, Padua, Treviso und die Regionen Friaul und Istrien im Hinterland, wo weitere Einnahmequellen sind. Genua mit seinen tüchtigen Seefahrern und Kaufleuten wird Venedigs stärkster Konkurrent. Genuas Einflussbereich reicht weit in das westliche Mittelmeer, wo es Stützpunkte in Lissabon, Madeira und auf den Kanarischen Inseln hat. Florenz hat zwar keinen Hafen, doch seine Textilien sind in ganz Europa begehrt und seine Bankiers sind überall anzutreffen und leihen selbst den Herrschern Geld.

Ab dem 11. Jahrhundert stößt Venedig mit seinem Netz aus 177 Kanälen an seine Grenzen. Am Markusplatz fließt in der Nähe des Dogenpalasts, in dem die Stadträte tagen, der Canal Grande ins offene Meer.

Im Rialto-Viertel, wo in jener Zeit eine Holzbrücke über den Canal Grande führt, schlägt das Herz Venedigs. Hier werden die wichtigsten Geschäfte getätigt und Händler aus ganz Europa versammeln sich, um Erzeugnisse aus dem Orient zu kaufen.

Unabhängige Städte

Die große Stärke der Städte ist ihre Regierungsweise. Seit dem 11. Jahrhundert erkämpfen sie sich ihre Unabhängigkeit von Papst, Kaiser oder Landesherr und stellen eigene Regierungen auf. Venedig, Florenz, Siena und Genua zum Beispiel werden Republiken, in denen die Bürger ihre Vertreter wählen. Ab dem 15. Jahrhundert hält in Florenz eine große Familie von Bankiers die Macht in ihren Händen: die Medici mit Cosimo als Oberhaupt. Genua und Venedig werden auch weiterhin von einem Rat der führenden Männer regiert.

Die erste Post

17 Firmen von Florenz gründen 1357 die *Scarcella dei Mercanti Fiorentini*. Dieses Postunternehmen soll die Nachrichtenübermittlung erleichtern und die geschäftlichen Transaktionen beschleunigen. Es ist die erste bekannte Post, die jede Woche zwischen Florenz und Avignon über Genua die Post der Gründerfirmen überbringt. Sie nimmt gegen Gebühr auch Briefe von Privatpersonen an.

Künstlerische Kreativität

Die freien und reichen Städte machen aus Italien ein Paradies für Künstler und Denker. Sie entwickeln eine unglaubliche Kreativität und brechen mit vielen Vorstellungen des Mittelalters. Die Malerei steht im Zentrum großer künstlerischer Neuerungen. Die Maler Cimabue und Giotto aus Florenz oder Duccio und Simone Martini aus Siena entwickeln eine neue Stilrichtung und schaffen in ihren Werken ein wirklichkeitsnäheres Bild der Welt und der Menschen.

Der *Palazzo Pubblico* ist Symbol der Unabhängigkeit der Stadt. In seinen Räumen tagen die Stadträte. Die Wände sind von berühmten Künstlern wie Lorenzetti mit Malereien ausgeschmückt. Hier verherrlichte er zum Beispiel die Gesellschaft der Toskana (Bauern und Händler gehen unter dem Schutz der guten Führer ihrem Tagwerk nach).

Die kultivierten Geschäftsleute fördern das Entstehen einer nichtreligiösen Kultur. Die Texte der Antike werden wieder entdeckt und eine neue Sichtweise der Welt und des Menschen entwickelt sich. Der Humanismus entsteht (von lateinisch *humanista*: gebildet, kultiviert). Die Entfaltung der Fähigkeiten des Menschen, die Bildung und die Wissenschaften und die Beobachtung der Natur stehen im Vordergrund.

Neuheiten in der Malerei

Das nebenstehende Werk wurde von dem Flamen Jan van Eyck gemalt. Um 1430 erfindet er ein Rezept für Ölfarben, das die Malerei revolutioniert. Es wird innerhalb kurzer Zeit auch von den italienischen Meistern übernommen. Im Jahr 1434 benutzt van Eyck die neuen Farben für das Gemälde des italienischen Händlers Giovanni Arnolfini und seiner jungen Frau. Die Gewänder, die Ausstattung und die Möbel zeigen deutlich, dass das Paar wie alle großen italienischen Händler in großem Wohlstand lebt. Im 14. Jahrhundert ist Giotto (1267–1337) Wegbereiter einer neuen Malkunst: Zum ersten Mal im Mittelalter malt er Figuren, die mit Gesten und Gesichtsausdruck Gefühle erkennen lassen. Er stellt sie als realitätsnahe, wirkliche Personen dar.

Die Geburt einer anderen Welt

In jedem Zeitalter versuchten wagemutige Reisende die Grenzen der bekannten Welt zu überwinden. Im 13. Jahrhundert begegnen der berühmte Venezianer Marco Polo und der von Ludwig IX. gesandte Dominikaner Wilhelm von Rubruk dem Kaiser von China. Im folgenden Jahrhundert stoßen kühne Abenteurer nach Afrika vor. Im 15. Jahrhundert finden wichtige Entdeckungsfahrten über die Meere statt.

Erste Schritte Richtung Süden

Während 1402 der Hundertjährige Krieg der Normandie zusetzt, macht sich der adlige Johann von Bethencourt über das Meer auf und landet vor der Küste Afrikas auf den Kanarischen Inseln. Sie werden zu einer wichtigen Zwischenstation auf dem Weg in den südlichen Atlantik. Die normannische Besatzung wird aber schon bald von Portugiesen abgelöst. Heinrich der Seefahrer, Prinz von Portugal, errichtet um 1415 eine Seefahrtsschule in Sagres und fördert Entdeckungsfahrten über die Meere.

Die Karavelle wurde speziell für Entdeckungsfahrten entwickelt. Die rechteckigen Segel vorne und die dreieckigen Segel hinten machen aus ihr ein schnelles und wendiges Schiff.

Das Kap finden

Überqueren die Seefahrer den Äquator, verlieren sie den Polarstern als Richtungsweiser in der Nacht, da er nur auf der nördlichen Halbkugel zu sehen ist. Auf ihrer Weiterfahrt sind sie daher auf andere Hilfsmittel angewiesen. Heinrich der Seefahrer fördert die Erfindung neuer Navigationsinstrumente.

Die Welt der Finanzen

Die ungeheuer kostspieligen Entdeckungsfahrten der Seefahrer werden von reichen
Bankiers finanziert, die den Königen
Geld leihen, Schiffe für den Fernhandel
ausrüsten, Niederlassungen im Ausland
haben, Handelsgesellschaften gründen
und den Warenverkehr mit Versicherungs-
verträgen absichern.

Nicht wenige Entdeckungen des Mittelalters
sind reine Legenden. Eine der hartnäckigsten
ist die Legende von Priester Johannes, der ein
christliches Reich in Indien gegründet haben
soll. Im 14. Jahrhundert taucht Äthiopien (in
Afrika) als Reich des Priesterkönigs auf. In der
Vorstellung der Europäer ist es ein Paradies auf
Erden mit fabelhaften Tieren und glücklichen
Menschen.

Fruchtbare Entdeckungen

Die portugiesischen Schiffe wagen
sich entlang der afrikanischen Küste
bis zum Kap Bojador, dem „Kap der
Angst", wo gemäß den Legenden das
Wasser vor lauter Hitze kochen
soll. Die Seefahrer umfahren das
Kap 1434 und kommen heil
wieder zurück. Was für ein Sieg!
1445 erreichen sie das Kap Verde,
doch der Küstenverlauf führt
dahinter noch weiter nach Süden.
Gibt es wirklich einen Durchgang
zum „Ozean Indiens"? In der
Zwischenzeit nutzen die Portugiesen
die afrikanischen Reichtümer und
bringen Gold, Elfenbein, Malaguetta-
pfeffer und Sklaven nach Portugal.
Im Golf von Guinea errichten sie
die Festung Mina, von der aus neue
Entdeckungsfahrten starten.

Das Mittelmeer ist nicht mehr Mittelpunkt der Welt

Es wird für die Europäer Zeit,
neue Seewege nach Indien zu
finden, da sich die Wege über das
Mittelmeer schließen. Nach seiner
Eroberung Konstantinopels lässt
Sultan Mehmet 1453 eine Festung
am Bosporus bauen, die den
Seeverkehr kontrolliert. Die
erste venezianische Galeere, die
auftaucht, wird versenkt. Die
Genueser warteten diesen Zeit-
punkt nicht ab, um die Meerenge
von Gibraltar hinter sich zu lassen
und direkt nach Brügge oder
London zu segeln. Auch Christoph
Kolumbus ist Genueser. Er wagt
als erster die Überquerung des
Atlantiks, wo sich dem Abendland
eine Neue Welt offenbart.

Ab 1450 ermöglicht die Erfindung des Buchdrucks
die Vervielfältigung von Büchern und die Verbreitung
von Wissen. Davon profitiert auch die Kartografie.

Register

A

Aachen 50, 63, 64-65, 102
Abälard (Scholastiker) 148
Abbasiden 43, 48, 51, 178-179
Äbte 78, 82, 84, 138
Abteien 67, 78, 82, 159
➥ *siehe auch* Klöster
Abul Abaz 50, 65
Adel 23, 26, 63, 70
Ado (Bischof) 14, 15
Aelia Eudoxia (byzantinische Kaiserin) 25
Aetius (römischer Feldherr) 9
Aijubiden 178
Albigenser 91
Alfons X. der Weise (König von Kastilien und León) 118, 161
Alhambra 54-55, 176
Ali (Cousin und Schwiegersohn von Mohammed) 43
Alkuin (Theologe) 67
Allah 39, 40, 41, 44
Almohaden 177, 178
Almoraviden 176, 178
Amiens, Kathedrale von 96, 97
Andalusien 54, 176-177
Antonius, heiliger (Mönch) 32, 163
Aquädukt 29, 46, 54
Araber (Volk), Arabien 37-57
Arabesken 53, 55
Arabische Kultur 36-57
Arabische Ziffern 52, 117
Aragon 176-177
Architektur 92-97
Armbrust 110, 169
Armeen 21, 42-43, 61, 69, 159, 166, 167, 168, 169, 171
➥ *siehe auch* Kreuzzüge, Schlachten
Astrolabium 57, 117, 154

Asylrecht 79
Athanarich (westgotischer König) 9
Athos, Berg 33
Attila (Hunnenkönig) 8, 9
Aufstände 137, 143, 163, 165
Ausrüstung des Ritters 108, 109, 110-111, 116
Austrien 17, 60
Auxerre, Schlacht von 70
Averroes (Philosoph) 149
Avila 176
Awaren 21, 61
Azincourt, Schlacht von 167, 171

B

Bagdad 43, 48-49, 50, 52, 178-179
➥ *siehe auch* Kalifat
Balthild (Regentin von Neustrien) 17
Bangor, Kloster von 14
Bankiers 152, 153, 182, 185
Bannmeile 142
Bannrecht 137
Barbaren 8, 12, 20, 96
Barbaresken (muslimische Piraten) 43
Bauern, arabische 46-47
Bauern, byzantinische 26-27
Bauern, germanische 10-11
Bauern, in Europa ab dem 12. Jh. 102, 131, 132-133, 134, 136-137, 162, 163
Bauern, karolingische 68
Bauernaufstände 163
Beauvais, Kathedrale von 97
Beduinen 38
Belehnungszeremonie 103
Belfried 142
Belisar (byzantinischer Feldherr) 25
Benedikt von Nursia (Mönch) 15
Benediktiner 89

Benediktinerregel 15, 82, 83
Bergfried 105, 106-107
Bernhard von Clairvaux (Mönch) 82-83, 114
Bertran de Born 118
Bettler 83, 91
Bewässerungssystem 46
Bibel 87, 173
Bibliotheken 30, 52, 53, 87, 149
Bischöfe 14, 78, 90, 96, 143, 150, 160, 177
Bobbio, Kloster von 14
Bogen (Waffe) 110, 166, 169
Bohemund von Tarent 114
Book of Kells 15
Buchara 56
Buchdruck 185
Bücher 30, 52, 53, 86-87, 148, 149, 185
Buchmalerei 53, 87
Bulgaren 21, 30
Burg 80, 100, 102, 104-105, 106-107, 137, 143, 140
Bürger, Bürgertum 88, 142-143
Burgherr, Burgherrin 82, 122, 124
Buße 81
Byzantinisches Reich 8, 9, 12, 18-35, 42, 60-61, 68-69
Byzanz (Hof) 22-23
Byzanz (Stadt) 19, 20-21
➥ *siehe auch* Konstantinopel

C

Canterbury, Kathedrale von 148, 159
Childerich (Frankenkönig) 12
Chilperich I. (König von Neustrien) 16
Chlodwig (Frankenkönig) 9, 10, 12, 13, 16, 158
Chlotar II. (König von Neustrien) 15

Chor 92, 96
Chrétien de Troyes 120, 121, 146
Christen, Christenheit 15, 22, 30, 39, 59, 77, 80-81, 89, 90-91, 92, 115, 158, 160, 172, 176-177, 178
Christentum 13, 14-15, 37, 78, 90, 177
➥ *siehe auch* Christen
Christoph Kolumbus 185
Cîteaux, Abtei von 83
Cluny, Abtei von 82, 87
Codex Justinianus 25
Conques, Abtei von 92-93
Corbie, Abtei von 67
Córdoba 48, 56
Courtrai, Schlacht von 165
Crécy, Schlacht von 166

D

Dado, heiliger oder Audoenus (Bischof) 14, 15
Dagobert I. (Frankenkönig) 15
Damaskus 42, 48, 56, 179
Desiderius (König der Langobarden) 60
Dominikaner 83, 91, 149
Dominikus, heiliger (Dominikus von Guzman) 83, 91
Dorffeste 150-151
Drakar (Wikingerschiff) 73
Dschihad 39
Dschinghis Khan 179
Dunois, Graf von 168-169
Dürer, Albrecht (Maler) 62

E

Eduard I. (König von England) 107
Eduard II. (König von England) 164
Eduard III. (König von England) 165, 166, 170

Karten

Bildnachweis

S. 3: Photos12.com/Oasis. S. 5: Bibliothèque nationale, Paris/AKG. S. 6-7: Kunstmuseum, Bern/Bridgeman Art Library. S. 8 o: Archives Charmet/Bridgeman Art Library; u: M. Sinier. S. 9 o: AKG; u: M. Sinier. S. 10: S. Lefebvre. S. 11 o: Musée Dauphinois, Grenoble; m: Musée de Cluny, Paris/G. Blot/RMN; um: Artephot; mr: Musée des Antiquités nationales, Saint-Germain-en-Laye/H. Lewandowski/ RMN; ur: Musée des Antiquités nationales, Saint-Germain-en-Laye/J. G. Berizzi/ RMN. S. 12 o: Ashmolean Museum, Oxford/ Bridgeman Art Library; u: Imedia. S. 13 o: A. Held/Artephot; u: Musée des Antiquités nationales, Saint-Germain-en-Laye/ Bridgeman Art Library. S. 14 o: S. Lefebvre; u: Bibliothèque de Poitiers/ Bridgeman Art Library. S. 14-15: S. Lefebvre. S. 15 o: Trinity College Library, Dublin/AKG; m: Musée des Antiquités nationales, Saint-Germain-en-Laye/J. G. Berizzi/RMN; u: E. Lessing/AKG. S. 16 l: G. Mangin/Artephot; r: BNF. S. 17 o: British Museum, London/Bridgeman Art Library; m: E. Seure-Le Bihan. S. 18-19: A. Held/Artephot. S. 20 o: Lauros/Bridgeman Art Library; m: S. Lefebvre; u: Nationalbibliothek, Madrid/Artephot/Oronoz. S. 21 o: Nationalbibliothek, Madrid/W. Forman/AKG; u: S. Lefebvre. S. 22 o: Musée du Louvre, Paris/Chuzeville/ RMN; u: C. Prati. S. 23 o und m: E. Lessing/AKG; u: British Library, London/Bridgeman Art Library. S. 24: Basilika San Vitale, Ravenna/R. Bencini/Artephot. S. 25: E. Lessing/AKG. S. 26 u: collection E. S./Explorer Archives. S. 26-27 o: Bibl. Marciana, Venedig/G. Dagli Orti; m: Mosaiken-museum des Großen Palastes, Istanbul/Bridgeman Art Library. S. 27 m: Nationalbibliothek, Madrid/W. Forman/AKG; Rahmen: D.R. S. 28-29: J.-S. Roveri. S. 30 o: R. Hackenberg/ AKG; m: Bibliothèque nationale, Paris/Artephot. S. 31 o: Trésor de l'abbaye de Saint-Maurice/Bridgeman Art Library; ml: National History Museum, Sofia/Bridgeman Art Library; mr: Ashmolean Museum, Oxford/Bridgeman Art Library; u: B. Charles. S. 32 o: A. Held/Artephot; mm: Musée du Louvre, Paris/H. Lewandowski/RMN; mr: Musée du Louvre, Paris/F. Raux/ RMN. S. 33 o: Tretjakoff-Galerie, Moskau/AKG; m: Y. Arthus-Bertrand/Corbis; u: Nationalbibliothek, Madrid/Artephot/ Oronoz. S. 34 u: M. Jodice/Corbis. S. 34-35: H. Prost/Académie d'architecture, Paris. S. 35 ol: H. Prost/Académie d'architecture, Paris; or: M. Babey/Artephot. S. 36-37: Museum für türkische und islamische Kunst, Istanbul/G. Dagli Orti. S. 38 o: Musée Condé, Chantilly/ Bridgeman Art Library; u: G. Albertini. S. 39 o: Topkapi Palast-Museum, Istanbul/Roger-Viollet; mo: Corbis; mu: R. und S. Michaud/Rapho; u: Museum für türkische und islamische Werke, Istanbul/Roger-Viollet; r: Bridgeman Art Library. S. 40 o: Bibliothèque des Arts décoratifs, Paris/Bridgeman Art Library; u: Musée Condé, Chantilly/Bridgeman Art Library. S. 41 o: AKG; u: K. Nomachi/Rapho. S. 42 o: Bibliothèque nationale, Paris/AKG; m: BNF. S. 43 o: Universitätsbibliothek, Istanbul/ R. und S. Michaud/ Rapho; m: BNF; u: G. Albertini. S. 44 m: Rapho. S. 44-45: Spedallere. S. 46 o: Nationalmuseum, Delhi/ R. und S. Michaud/ Rapho; m: BNF; u: E. Ciol/Corbis. S. 47 o und mr: Topkapi Palace Museum, Istanbul/R. und S. Michaud/ Rapho; ml und u: R. und S. Michaud/Rapho; Karte: S. Allouche. S. 48 m: F. Phillips/Linden Artists; u: E. Lessing/ AKG; m: R. und S. Michaud/Rapho; u: Topkapi Palast-Museum, Istanbul/W. Forman/AKG. S. 50-51: C. Adam. S. 52 o:

Bibliothèque nationale, Paris/AKG; m: R. und S. Michaud/ Rapho. S. 53 or: Universitätsbibliothek, Istanbul/G. Dagli Orti; ml: V. Rastelli/Corbis; u: Bibliothèque nationale, Paris/AKG; Rahmen: S. Allouche. S. 54-55: Th. Gade/AKG. S. 55 ol, oml und or: S. Allouche; omr: Corbis; u: S. Ward/Corbis. S. 56: BNF. S. 56-57: S. Lefebvre. S. 58-59: Archives du ministère des Affaires étrangères, Paris/Bridgeman Art Library. S. 60 ol: Musée du Louvre, Paris/E. Lessing/AKG; mr: S. Lefebvre. S. 61 o: Musée Paul-Dupuy, Toulouse/Moliterni/STC; m: Kunsthistorisches Museum, Wien/E. Lessing/AKG; u: Bibliothek, St. Gallen, Schweiz/T. Schneiders/Artephot. S. 62 o: Scala; u: Musée de l'Histoire de France, Paris/Bulloz/ RMN. S. 62-63: Musée de l'Histoire de France, Paris/Bulloz/RMN. S. 63 o: Palais du Tau, Reims/E. Lessing/AKG; u: Photos12.com/Oasis. S. 64-65: Y. Beaujard. S. 65 o: Hilbich/AKG. S. 66: C. Rothero. S. 67 o: BNF; mm: Kunstsammlungen der Veste Coburg, Coburg/AKG; ml: Kunsthistorisches Museum, Wien/AKG; u: BNF. S. 68 o: Conseil régional du Val d'Oise/M. Beck/RMN; ml und mr: BNF; u: E. Etienne. S. 69 o: BNF; m: Biblioteca Marciana, Venedig/Bridgeman Art Library; u: E. Etienne; Rahmen: Kunsthistorisches Museum, Wien/E. Lessing/AKG. S. 70 o: BNF; u: Ch. Jégou. S. 71 o: S. Lefebvre; u: Châteaux de Versailles et de Trianon/RMN. S. 72 o: M. Sinier; u: W. Forman/AKG. S. 73 o: British Museum, London/Bridgeman Art Library; m: Ferguson/Parcs Canada; ul: Musée de la Tapisserie, Bayeux/Bridgeman Art Library; ur: Historisches Museum, Stockholm/G. Dagli Orti. S. 74-75: S. Lefebvre. S. 76-77: G. Dagli Orti. S. 78 m: Nationales historisches Museum Rumäniens, Bukarest/G. Dagli Orti; u: O. Zanardo. S. 79 o: Bibliothèque de l'Arsenal/Bridgeman Art Library; ur: Apostolische Bibliothek, Vatikan/Bridgeman Art Library; ul: Photos12.com/ARJ. S. 80 o: A. Hornak/Corbis; ul: Hoa-Qui. S. 80-81: Bibliothèque Mazarine, Paris. S. 81 or: BNF; ml: Musée Condé, Chantilly/Bridgeman Art Library; u: Schweizerisches Landesmuseum, Zürich/AKG; Rahmen: E. Lessing/AKG. S. 82 o: B. Mays/Corbis; u: Rue des Archives. S. 83 o: Santa Croce, Florenz/Roger-Viollet; m und mr: Photos12.com/ARJ; ul: Musée Condé, Chantilly/AKG. S. 84 o und u: Bibliothèque municipale, Dijon/G. Dagli Orti. S. 84-85: Ph. Fix. S. 86 ml: Stadtbibliothek, Nürnberg/AKG; mr: Museo Lazaro Galdiano, Madrid/Bridgeman Art Library; u: BNF. S. 87 o: British Library, London/Bridgeman Art Library; u: Médiathèque F. Mitterand, Poitiers/G. Dagli Orti; Rahmen: E. Lessing/AKG. S. 88 o: J. Bradley/Stone/Getty Images; u: Museu Nacional de Arte Antiga, Lissabon/G. Dagli Orti. S. 89: Basilique de la Madeleine, Vézelay/G. Dagli Orti; m: M. Sinier; u: M. St Maur Sheil/Corbis. S. 90 o: Prado, Madrid/Roger-Viollet; u: BNF. S. 91 o: British Library, London/AKG; ul: Musée du Louvre, Paris/Bridgeman Art Library; ur: Arte & Immagini Srl/Corbis. S. 92 o: J.-C. Fau, mit freundlicher Genehmigung der Stadt Conques; u: J.-S. Roveri. S. 93 ol, ml und ur: J.-C. Fau, mit freundlicher Genehmigung der Stadt Conques; or und ul: J.-S. Roveri. S. 94-95: Ch. Rothero/Beehive Illustration. S. 96 o: G. Dagli Orti; ul: R. List/Corbis; ur: J.-S. Roveri. S. 97 om, mo und mu: J.-S. Roveri; or: S. Vannini/ Corbis; u: RMN. S. 98 o: AKG; ul: Museo Capitula, Gerona/AKG; ur: Bibliothèque nationale, Paris/AKG. S. 99 o: Musée du Moyen Âge, Paris/RMN; m: Musée des Beaux Arts, Dijon/Bridgeman Art Library; u: Pinakothek des Vatikan,